Marco Schättin

ENDLICH FREI!

DER QUEERE COMING-OUT-RATGEBER

INHALT

HIER BEKOMMST DU UNTERSTÜTZUNG

DANKE!

HERZLICH WILLKOMMEN!

Da liege ich nun auf meinem Bett und bin übermannt von meinem Gedankenkarussell: Wie werden die Menschen reagieren? Wie gehe ich mit Ablehnung um? Warum mache ich das überhaupt? Die Fragen, die sich mir vor dem Schreiben dieses Ratgebers aufdrängen, sind teilweise dieselben, die ich mir vor meinem Coming-out gestellt hatte. Während ich die Bettdecke noch enger umschlinge, um gegen das mulmige Gefühl in meinem Bauch anzukämpfen, erinnere ich mich, wie hilflos ich mich vor meinem Coming-out häufig gefühlt hatte.

Ich erinnere mich an meine Angst. Die Angst, als nicht-heterosexueller Mensch entlarvt zu werden. Ich erinnere mich an meine Neugier. Meine Neugier, die ich spürte, wenn ich auf der Straße doch einmal einem Männerpo nachguckte. Ich erinnere mich an meine Sorgen. Meine Sorgen, die ich hatte, als ich als Teenager in einen Jungen verknallt war, aber keinen Weg sah, meine Gefühle auszuleben.

Ein ohnmächtiges Gefühl. Eingesperrt in den Erwartungen der Gesellschaft, meines Umfeldes, meiner Familie, vor allem aber in den Erwartungen an mich selbst: Ich sperrte mich selbst ein.

Was mich weiterhoffen ließ, war der Glaube, eines Tages Freiheit zu spüren: den Menschen zu lieben, den ich will. Die Beziehungsform zu wählen, die mir passt. Die Person zu sein, die ich wirklich bin. Mein Gedankenkarussell abzustellen, ein wohliges Gefühl zu verspüren und zu denken: Endlich frei!

Mein eigenes Coming-out

Mein Coming-out hatte ich im Sommer 2010. Damals nahm ich als 21-Jähriger meinen ganzen Mut zusammen und schrieb einen Brief. In diesem Word-Dokument, das ich nachher ausdruckte, erklärte ich, was ich bereits von klein auf gemerkt hatte: dass ich anders als andere war. Jahrelang hatte ich Verstecken gespielt und mich angepasst. Jetzt war es an der Zeit zu sagen: Ich bin schwul.

Meine Eltern bekamen den Brief nach einem Nachtessen daheim als Erste. Während sie auf dem einen Ende des Sofas gespannt lasen, weinte ich auf der anderen Seite: Groß war die Angst, abgelehnt zu werden. Groß die Erleichterung, endlich jemandem die Wahrheit zu sagen. Meine Eltern reagierten mit Verständnis und Liebe auf mein Coming-out. Sie sagten, dass sie mich lieben, so wie ich bin. Sie hatten aber auch Bedenken, ob ich als schwuler Mann jemals ein Leben voller Akzeptanz führen könne. Nach einem längeren Gespräch zog ich mich zurück. Ein riesengroßer Stein war mir vom Herzen gefallen. Bis zur vollständigen Verarbeitung und Akzeptanz meiner Homosexualität dauerte es allerdings seine Zeit.

Nach meinem ersten Coming-out folgte das bei meinem Bruder, seiner Frau, meiner Schwester, meinen Freund*innen, meiner Arbeitskollegin und so weiter. Leider verlangt unsere Gesellschaft auch heute noch und immer wieder erneut ein Coming-out. Ich kann dir versichern: Mit jedem Mal und jeder positiven Reaktion wird es einfacher. Trotzdem: Ein Coming-out ist immer emotional. Manchmal ist es schwierig und kann Ablehnung hervorrufen, manchmal ist es unvergesslich. So outete ich mich ganz am Anfang bei einer Freundin in Barcelona, während wir auf einem Aussichtspunkt mit Blick auf die Stadt standen. Sie nahm mich in den Arm und meinte, das sei überhaupt kein Ding – bis heute ein Coming-out, das mein Herz erwärmt.

MIT JEDEM MAL UND JEDER POSITIVEN REAKTION WIRD ES EINFACHER.

Zehn Jahre nach diesem ersten Coming-out, 2020, lebte ich in New York City. Der US-Amerikaner, den ich damals datete, fand, wir sollten mein Coming-out-Jubiläum feiern. In Manhattan gestartet fuhren wir nach etwa einer Stunde Autofahrt nicht mehr durch den Betondschungel der Großstadt, sondern über weite Getreidefelder und durch Wälder. Als wir ein paar geparkte Autos erspähten und dort anhielten, wusste ich, dass wir unser Ziel erreicht hatten: Tausende Sonnenblumen, einige mit ihren Blüten noch geschlossen, andere total geöffnet, die Köpfe der Sonne entgegengewandt, standen vor uns auf einem riesigen Feld.

ES DAUERT EINE WEILE, BIS EINE SONNENBLUME HERANGEWACHSEN IST, BIS SIE IHRE BLÜTE ÖFFNET UND DER WELT PRÄSENTIERT.

Mein Date stellte das Auto ab, lächelte mich an und meinte: „Ich sah vor einiger Zeit diesen Post auf Social Media, der das Coming-out von uns Queers mit einer Sonnenblume verglich: Es dauert eine Weile, bis eine Sonnenblume herangewachsen ist, bis sie ihre Blüte öffnet und der Welt präsentiert. Wenn sie das aber einmal getan hat, steht sie stramm und voller Stolz auf dem Feld und reckt sich der Sonne entgegen – auch in windigen oder regnerischen Zeiten."

Ich war überwältigt, fasziniert von der Metapher und berührt von der Überraschung. Ich wollte weinen und lachen. Ich entschied mich, mein Date zu küssen und zu umarmen. Dann stiegen wir aus und schlenderten Hand in Hand durch das endlose Sonnenblumenfeld. Wir lachten, wir küssten uns, wir genossen den heißen Sommertag als stolzes, verliebtes Paar. Ich fühlte mich frei und stark. Ich war dankbar für den Mut, den ich vor zehn Jahren aufgebracht hatte und den ich auch heute immer mal wieder aufbringen muss, wenn ich mich oute und nicht ganz sicher bin, wie das Gegenüber reagieren wird.

COMING-OUTS SOLLTE MAN FEIERN WIE GEBURTSTAGE!

Auch wenn wir heute in einer viel offeneren Gesellschaft als früher leben – Homophobie und Diskriminierung existieren nach wie vor tagtäglich – aber an diesem Tag 2020 war alles anders. Alles, was ich spürte, war Liebe und Zuversicht.

Finde heraus, wer du bist

Nun ist es sehr gut möglich, dass du dir noch gar nicht sicher bist, warum du dieses Buch liest. Musst du auch nicht. Erst einmal freue ich mich, dass du dieses Werk in Händen hältst, und bin stolz auf dich: Gerade versuchst du rauszufinden, wer du bist. Das braucht Mut. Viel Mut. Und dass du diesen in dir trägst, hast du bereits bewiesen.

Ein Coming-out ist ein Prozess und tatsächlich mit einer Sonnenblume zu vergleichen. Du kannst dich als Samen sehen, der aktuell noch in der Erde steckt: In dir schlummert bereits alles, um glücklich und stolz der Sonne entgegenzulächeln. Erst muss aus dem Samen aber ein Spross entstehen, der Wurzeln schlägt und dann in die Höhe wächst, um als ausgewachsene Sonnenblume zu erblühen und Wind und Wetter zu trotzen.

Falls du dir noch nicht sicher bist, ob du auf Frauen oder Männer stehst, falls du beide Geschlechter interessant findest oder gar keine romantische Beziehung wünschst oder noch nicht weißt, was deine Geschlechtsidentität ist, befindest du dich wahrscheinlich noch im Prozess des inneren Coming-outs. Die Sonnenblume muss erst gedeihen und wachsen. Bis zum äußeren Coming-out, dem Moment, in dem du deine sexuelle Orientierung und Geschlechtsidentität nach außen trägst, solltest du dir so viel Zeit lassen, wie du benötigst.

GLAUBE IMMER AN DICH SELBST
UND MACH DIR EIN EIGENES BILD
DER WELT.

„Glaube immer an dich selbst und mach dir ein eigenes Bild der Welt" ist ein Leitsatz, den ich seit Jahren verinnerlicht habe und weitergeben möchte. Als junger Erwachsener hatte ich wenig Selbstvertrauen. Außerdem plagte mich das Gefühl, nirgends hineinzupassen.

Während dieser Zeit half es mir, an mich zu glauben und neugierig zu bleiben, nicht aufzugeben und meinen Platz auf dieser Erde zu finden. So kam es auch zu meinem inneren Coming-out: Mit 19 Jahren küsste ich einen anderen Mann, als wir in einer Gruppe von jungen Menschen Flaschendrehen spielten, und realisierte, dass ich dies viel prickelnder fand, als mit Frauen zu knutschen. Es war ein Schlüsselmoment für mich.

Nachdem ich bereits als kleiner Schuljunge Schmetterlinge im Bauch verspürte, wenn ich an Julian, den coolen Schulkameraden in meiner Klasse, dachte, oder mich besonders gut fühlte, wenn mir ein Lehrer, den ich toll fand, auf die Schulter klopfte, hatte ich diese Gefühle fürs gleiche Geschlecht jahrelang verdrängt. In einem konservativen Umfeld aufgewachsen, ohne LGBTQIA+-Vorbilder, war queer zu sein keine Option für mich. Ich verdrängte meine Gefühle. Mit 19 brachen diese Emotionen aus ihrem Gefängnis aus und zeigten mir mein wahres Ich.

Doch zwei Jahre später war ich durch die Gefühle, die ich mir selbst weiterhin verbot, in einer Depression gelandet.

Nacht für Nacht lag ich in meinem Bett und fühlte mich ohnmächtig: Wie zum Teufel kann das sein, dass ich das gleiche Geschlecht spannend finde? Wo auf dieser Welt kann ich so akzeptiert werden? Wie wird mein Freundeskreis reagieren? Was passiert mit meinen Karriereträumen? Die Angst vor dem Coming-out war groß. Aber so wollte ich nicht weitermachen. „Glaube immer an dich selbst", dachte ich mir, fasste mir ein Herz und schrieb den Brief an meine Eltern.

DIE BEFREIUNG DURCH MEIN COMING-OUT WAR RIESIG. ES VERÄNDERTE MEIN LEBEN – AUF POSITIVE ART UND WEISE.

Die Befreiung durch mein Coming-out war riesig. Es veränderte mein Leben – auf positive Art und Weise. Mithilfe dieses Buches gelingt das auch dir! Du allein wählst den Zeitpunkt. Du allein wählst, wem du es sagst. Du allein bestimmst, wie und ob du es machst.

Wie du mit diesem Buch arbeitest

Dieses Buch soll dir eine Hilfe und Stütze sein. Es soll dir Mut machen und dich beflügeln. Denn alles, was du brauchst, um deinen Weg zu gehen, steckt bereits in dir.

Laut einer repräsentativen Umfrage identifizieren sich in Deutschland 7,4 Prozent der Menschen als Teil der LGBTQIA+-Community. Konkret: In einer 20-köpfigen Schulklasse ist die Wahrscheinlichkeit groß, dass es einen nicht-heterosexuellen Menschen gibt. Auf einer Party mit 1000 Leuten sind 74 schwul, lesbisch, bisexuell, trans* oder irgendwo sonst auf dem queeren Spektrum. Nehmen wir die Bevölkerung eines ganzen Landes, kannst du durchzählen: Ungefähr jeder 15. Mensch ist Teil der LGBTQIA+-Community. Du bist also nicht allein!

UNGEFÄHR JEDER 15. MENSCH IST TEIL DER LGBTQIA+-COMMUNITY – DU BIST ALSO NICHT ALLEIN!

Diese Community ist mittlerweile in großen Teilen der Welt sichtbar. Das war nicht immer so. Als ein Schlüsselmoment der LGBTQIA+-Bewegung gilt ein gewaltsamer Aufstand der queeren Community 1969 in New York City. Immer wieder kam es in queeren Bars zu Polizeirazzien. Menschen wurden für ihre sexuelle Orientierung und Geschlechtsidentität polizeilich diskriminiert, geschlagen und verhaftet.

Die Razzia am 27. Juni 1969 war eine zu viel. Queers in der Bar „Stonewall Inn" in der Christopher Street beschlossen, sich gegen die Polizei zu wehren. Seither werden jedes Jahr weltweit Veranstaltungen wie CSDs („Christopher Street Days"), durchgeführt, um an die mutigen Menschen damals zu erinnern und weiterhin auf Diskriminierung und Ungleichbehandlung aufmerksam zu machen. (Mehr zur Geschichte queerer Menschen findest du auf Seite 96).

Auch heute noch fehlt vielen queeren Menschen Unterstützung in ihrem Coming-out-Prozess. Viele fühlen sich einsam und allein und müssen selbst herausfinden, wie sie sich mit den Emotionen zurechtfinden, die heterosexuelle Menschen häufig nicht nachvollziehen und verstehen können oder wollen. Mein Buch soll dir helfen, mehr über Menschen aus der LGBTQIA+-Community zu erfahren und damit über dich selbst. Falls du mit dem Gedanken spielst, dich zu outen, wird es dich auf diesem Weg unterstützen. Falls du schon einige Coming-outs hattest, hilft es dir, diese zu reflektieren.

Mein Buch besteht aus drei Teilen:

- persönlichen Coming-out-Storys
- Informationen von Expert*innen
- einem Reflektionsteil, der dir hilft, dein Coming-out vorzubereiten

Wie helfen persönliche Coming-out-Storys?

Als Menschenfreund bin ich überzeugt: Du kannst von jeder Person etwas lernen. Gerade Menschen, die eine herausfordernde Situation bereits bewältigt haben, können ihre Erfahrungen und Wissen teilen. Im Storys-Teil erzählen deshalb verschiedene LGBTQIA+-Menschen ihre Coming-out-Geschichten. Sie lassen dich an ihrer Gefühlswelt teilnehmen und erzählen, wie sie Schritt für Schritt ihrer Freiheit näherkamen: sie selbst zu sein und sich authentisch zu zeigen.

Die Menschen in den Coming-out-Storys zeigen, dass es ganz unterschiedliche Arten von Coming-outs gibt. Des Weiteren wird durch die unterschiedlichen Personen das queere Spektrum, das total divers ist, sichtbar. Die Geschichten helfen dir auch, die verschiedenen Begriffe – schwul, lesbisch, bisexuell, trans* etc. – besser zu verstehen.

Wozu dienen die Informationen von Expert*innen?

Prof. Dr. Udo Rauchfleisch, Psychologe und Psychotherapeut, beleuchtet das Thema „Coming-out" von der wissenschaftlichen Seite. Er gibt Tipps, wie du selbst deinen Weg findest oder auch wie du Menschen unterstützen kannst, die sich gerade outen. Außerdem enthält das Kapitel zwei Specials: eines zur Lage der Menschenrechte von queeren Personen sowie eines zur Geschichte der queeren Community.

Übrigens: Das Wort „Psychologe" kann ganz schön abschreckend wirken. Obwohl in unserer Gesellschaft psychische Gesundheit mittlerweile als Bestandteil des menschlichen Wohlbefindens anerkannt ist, gibt es nach wie vor viele Vorurteile und Ängste, die mit dem Thema Psychologie verbunden sind. Ein*e Psycholog*in ist jedoch nichts weiter als ein*e Expert*in für das, was in uns Menschen vorgeht, häufig aber eben nicht sichtbar ist. Wichtig ist mir zu unterstreichen, dass du im zweiten Teil des Buches zwar Tipps eines Psychologen liest, dies aber keine Therapie ersetzen kann – es aber auch nicht bedeutet, dass du psychische Probleme hast, nur weil du Coming-out-Tipps von einem Fachmann bekommst.

DAS WORT „PSYCHOLOGE" KANN GANZ SCHÖN ABSCHRECKEND WIRKEN. EIN*E PSYCHOLOG*IN IST JEDOCH NICHTS WEITERES ALS EIN*E EXPERT*IN FÜR DAS, WAS IN UNS MENSCHEN VORGEHT.

Was hat es mit dem Reflektionsteil auf sich?

Wir können die Geschichten von anderen Menschen lesen und Tipps von Fachpersonen kriegen, wirklich verstehen tun wir viele Dinge aber erst, wenn wir sie selbst angehen und verarbeiten: Im dritten Teil des Buches, dem Reflektionsteil, bist nun du selbst gefragt. Hier kannst du Schritt für Schritt deinen eigenen Coming-out-Prozess planen, gestalten und gut vorbereiten.

DIE ENERGIE, DIE DU DURCH DEIN COMING-OUT UND DIE NEU GEWONNENE FREIHEIT UND AUTHENTIZITÄT FINDEST, KOMPENSIERT ALLE ANSTRENGUNGEN!

Jetzt hast du die ersten Seiten meines Ratgebers gelesen. Gut möglich, dass du nun denkst: „Das klingt nach einem mühsamen Prozess oder viel Arbeit." Nun, ich will dir die Wahrheit sagen: Sich zu outen kostet Energie. Aber: Die Energie, die du durch dein Coming-out und die damit gewonnene Freiheit und Authentizität finden wirst, kompensiert alle Anstrengungen! Das können dir auch die Menschen bestätigen, die im folgenden Kapitel ihre Geschichte erzählen.

Egal ob du bereits weißt, dass du nicht heterosexuell bist, egal ob du eine andere Identität in dir trägst, als dir zugeschrieben wurde, ob du einfach nach Informationen zur LGBTQIA+-Community suchst oder dir noch nicht sicher bist, wie deine sexuelle Orientierung ist – dieses Buch hilft, an dich zu glauben, dir dein eigenes Bild der Welt zu machen und offen zu sein für mein Herzensmotto: „If you never try, you will never know."

IF YOU NEVER TRY,
YOU WILL NEVER KNOW.

Ich wünsche dir viel Kraft und Erfolg auf deinem Weg!

Dein MARCO SCHAETTIN

COMING-OUT-STORYS, DIE DIR MUT MACHEN

„Schaffe ich es, mich zu outen?" Diese Frage habe ich mir als Teenager oft gestellt. Hätte ich Vorbilder in meinem Umfeld gehabt, hätte ich die Antwort wohl schnell gefunden: „Ja! Klar!" Ein Coming-out ist so individuell wie die Menschen, die sich dafür entscheiden. Deine Situation mag vielleicht völlig verschieden davon sein, doch die Art, wie die folgenden Menschen ihr Coming-out jeweils gemeistert haben, kann dir dennoch Inspiration und Unterstützung für deinen eigenen Prozess geben.

Wir sollten öfter anderen Menschen – und ihrer Geschichte – zuhören. Davon bin ich fest überzeugt. Die Erfahrungen, die jede einzelne Person macht, können anderen Menschen auf ihren Wegen helfen. Dementsprechend habe ich mich für dieses Buch mit den unterschiedlichsten Menschen zusammengesetzt und sie gefragt, ob sie mir von ihrem Coming-out-Weg erzählen möchten. Stundenlang haben mir Menschen ihr Innerstes offenbart. Ich habe gelauscht, nachgefragt, geweint, gelacht, mitgelitten und mitgefeiert.

DEIN COMING-OUT IST DEINE ENTSCHEIDUNG – KEINE PERSON KANN BESTIMMEN, WIE DU ES MACHST.

Diese wertvollen Erfahrungen kannst du nun nachlesen. Die meisten haben sich dazu bereit erklärt, ihre Geschichte unter ihrem richtigen Namen und mit Foto zu erzählen. Einige bleiben lieber anonym. Während meiner Arbeit zu diesem Buch wurde mir einmal mehr klar, dass es nach wie vor Arbeitsumfelder und Orte auf dieser Welt gibt, an denen Menschen zögern, sich vollständig zu outen, aus Angst vor Ablehnung und Benachteiligung. Es sei nochmals gesagt: Niemand kann dich zu einem Coming-out drängen. Keine Person kann bestimmen, wie du es machst. Es ist deine Entscheidung. Es ist dein Coming-out. Und ich bin mir sicher, dass du beim Lesen der Geschichten wie ich mitfieberst, Anregungen, Mut und Erkenntnis findest.

Levent (er/ihm):
„Es war, als wäre ich in einer Parallelwelt wiederaufgetaucht"

Levent (31) hatte eine erfüllte Beziehung mit einer Frau. Dann ging er seinen verheimlichten Gefühlen nach und fand sich in einer Beziehung mit einem Mann wieder – nicht leicht in seiner türkischstämmigen Familie. Levent ist ein Pseudonym, da er aus persönlichen Gründen anonym bleiben möchte.

„Ich war mit 22 Jahren in einer glücklichen Beziehung mit einer Frau", sagt Levent, der heute mit einem Mann zusammen ist. Der 31-Jährige aus Frankfurt am Main verbrachte über zwei Jahre mit einer Partnerin. Dann trennten sich die beiden.

Levent geht seinen Erinnerungen nach: „Schon als Schuljunge gab es Momente, in denen ich mich vom gleichen Geschlecht angezogen fühlte. Das war nicht einmal sexuell. Ich genoss einfach die Nähe." Sowohl im Fußballverein wie auch in der Theatergruppe fand er Jungen und Männer immer wieder spannend. Im Teenageralter verpasste er den Moment, diesen Gefühlen nachzuforschen, und fand sich mit Anfang 20 in einer Beziehung mit einer Frau wieder, die zwei Jahre hielt. „Wir hatten eine schöne Zeit, irgendwann war die Liebe aber weg. Schweren Herzens teilte ich meiner Freundin mit, dass unsere Beziehung endete. Mir fehlte einfach etwas."

ICH GENOSS DIE NÄHE VON JUNGS IM FUSSBALLVEREIN.

Nachdem Levent sich getrennt hatte, entschied er, dass dies der perfekte Moment sei, um seinen Emotionen nachzugehen. Im Versteckten fing er an, romantische und sexuelle Erfahrungen mit dem gleichen Geschlecht zu machen. „Der Prozess des inneren Coming-outs und das Erforschen meiner Gefühle war fast energieraubender als das eigentliche Coming-out ein paar Jahre später", sagt Levent heute.

Mit 25 Jahren erlebte er einen Schlüsselmoment: „Nach einigem Ausprobieren lernte ich einen Mann kennen, den ich sehr interessant fand und der mir das Gefühl von Sicherheit gab. Es war erst sehr verwirrend. So merkte ich, dass ich mich nicht nur von seinem Äußeren angezogen fühlte, sondern auch von subtilen Dingen wie seinem Körpergeruch." Levent fühlte sich, als wäre er in ein schwarzes Loch gefallen: „Es war, als wäre ich in einer Parallelwelt wiederaufgetaucht." Eben war er noch mit einer Frau zusammen, nun fand er sich in einer Beziehung mit einem Mann wieder. Er lernte dessen Eltern kennen, die die Homosexualität ihres Sohnes akzeptierten. „Zu diesem Zeitpunkt war das für mich als Sohn einer türkischstämmigen Familie undenkbar", reflektiert Levent heute.

Ehe Levent seine Erfahrungen einordnen und kommunizieren konnte, zog er zum Auslandsstudium für ein Jahr in die USA. Den Mann in Frankfurt, den er zwei Monate datete, ließ er als Freund zurück und nutzte die Zeit im Ausland, sich weiter auszuprobieren: Schwule Dating-Apps und Dates halfen ihm, weitere Erfahrungen zu sammeln. „Als meine Familie zu Weihnachten auf Besuch kam und ich mit meiner Schwester in einem Hotelzimmer in Boston saß, nahm ich meinen Mut zusammen. Ich sagte ihr, dass ich nicht nur Frauen datete."

DATING-APPS UND DATES HALFEN MIR, ERFAHRUNGEN ZU SAMMELN.

Levent erläutert, dass er beim Coming-out bei seiner Schwester super aufgeregt und nervös war, obwohl er nach außen wohl entspannt gewirkt hätte. „Meine Schwester reagierte mit einem leicht ungläubigen ‚Waaas?', meinte aber gleich, dass sie sich das schon hätte denken können." In diesem Moment fiel Levent ein kleiner Stein vom Herzen. „Es war für mich wie ein Probelauf, es irgendwann meinen Eltern zu sagen."

Als seine Familie nach Weihnachten und Neujahr aus den USA abreiste, empfing Levent noch am selben Tag und am selben Flughafen nur zwei Stunden später den Mann, den er ein paar Monate zuvor in Deutschland gedatet hatte. „Für etwa drei Wochen reisten wir durch die USA und kamen uns sehr nahe", erzählt Levent. „Als er wieder abreiste, war ich sehr traurig und wusste, dass ich mit diesem Mann zusammen sein will."

Sechs Monate später kehrte Levent aus den USA zurück und wurde tatsächlich der Partner dieses Mannes. Sein inneres Coming-out war geschafft, das äußere bei seiner Schwester auch. Nun wollte er sich bei seinen Eltern outen.

„Wir saßen bei ihnen zuhause am Frühstückstisch, meine Schwester war auch da. Als ich meinte, ich müsse etwas erzählen, guckten mich sowohl mein Vater wie auch meine Mutter erwartungsvoll an. Ich wurde sehr nervös und erinnere mich bis heute an ihre Blicke. Dann sagte ich mehr oder weniger dasselbe wie bei meiner Schwester: dass ich nicht nur Frauen daten würde, sondern eben auch Männer. Und dass ich gerade einen Freund hätte."

Levents Eltern waren sehr überrascht. „Mein Vater war erstaunt und stammelte ein ‚okay' vor sich hin. Meine Mutter schlug die Hände vor den Mund und war erschrocken, traurig und emotional. Dann war es still am Frühstückstisch." Levents Schwester, die schon länger Bescheid wusste, intervenierte und meinte: „Mama, krieg dich wieder ein …"

LEVENTS SCHWESTER: „MAMA, KRIEG DICH WIEDER EIN …

Dann war es Levents Vater, der zu sprechen begann. „Mein Vater meinte, für ihn sei alles gut. Er fände es toll, dass ich mich geoutet hätte", erzählt Levent, noch heute berührt von den Worten seines Vaters. „Er dankte mir für das Vertrauen und sagte, er sei stolz, dass sie über alles reden könnten. Er sei froh, jetzt von meiner gleichgeschlechtlichen Liebe zu wissen." Levents Mutter saß nach wie vor mit den Händen vor dem Mund am Frühstückstisch. „Dann räumten wir ab und mein Vater umarmte mich."

Danach war fast ein Jahr lang Stille, das Thema wurde nicht mehr besprochen. Für Levent war die Stille ungewohnt, da er sich normalerweise alle zwei bis drei Tage mit seinen Eltern austauschte und diese immer über alles Bescheid wissen wollten. Plötzlich war der Dialog – vor allem wenn es um seinen Freund ging – verstummt. „Meine Eltern sind in der Türkei geboren, konservativ aufgewachsen, heute aber liberal. Nach einem Jahr Stille in Bezug auf das Thema Homosexualität war es mir zu viel und ich habe erneut das Gespräch mit meinen Eltern gesucht. Ich sagte, dass sie sich für jeden Aspekt meines Lebens interessieren sollten, auch für meinen Partner. Wenn nicht, würden wir uns entfremden."

ICH HABE IMMER WIEDER DAS GESPRÄCH MIT MEINEN ELTERN GESUCHT.

Seine Eltern hatten die Wahl, ob sie an Levents neuem Leben teilhaben wollen oder nicht. „Da wachten meine Eltern aus dem Winterschlaf auf", erzählt Levent mit einem Lächeln. „Sie entschuldigten sich und erklärten, sie hätten sich durchaus mit dem Thema Homosexualität beschäftigt. Sie wollten meinen Freund kennenlernen und weiterhin ein Teil meines Lebens sein."

Levent, wie lebst du heute?

Bezüglich meiner sexuellen Orientierung bin ich viel reifer und reflektierter als vor einigen Jahren. Gegenüber meinen Gefühlen, Wünschen und Bedürfnissen bin ich viel akzeptierender und kann sie auch kommunizieren.

Nach außen trete ich offener auf, so bin ich auch am Arbeitsplatz mit meinem Partner geoutet. Bei neuen Bekanntschaften erzähle ich irgendwann davon. Coming-outs mache ich keine mehr. Es gibt bei mir nur noch ,Erzählungen' – eben keine dramatischen Offenbarungen.

Wie gehen deine Eltern mit deiner Homosexualität um?

Sie gehen sehr gut damit um. Einerseits haben meine Eltern viel gelernt über das Thema. Andererseits suchen sie aktiv die Kommunikation mit mir. Sie fragen nach meinem neuen Partner, schicken ihm Grüße und wollen ihn näher kennenlernen.

Vor allem die Beziehung zu meinem Vater wurde noch näher. Mein Vater hat gemerkt, wie glücklich er sich schätzen kann, dass sein Sohn ihm alles anvertraut. Es gibt nichts, worüber wir heute nicht sprechen können.

MEIN VATER HAT GEMERKT, WIE GLÜCKLICH ER SICH SCHÄTZEN KANN, DASS SEIN SOHN IHM ALLES ANVERTRAUT.

Bei wem hast du dich (noch) nicht geoutet?

Der erweiterte Familienkreis tappt noch im Dunkeln: Tanten und Onkel, die mir nahe sind, leben in der Türkei. Zwar sind sie nicht konservativ, aber sie leben in einem Setting, das für Homosexualität keinen Raum lässt. In der Türkei gibt es zwar angesehene LGBTQIA+-Persönlichkeiten (Influencer*innen, Schauspieler*innen etc.), diese würden aber niemals über ihre sexuelle Orientierung sprechen. Dementsprechend weiß ich, dass ein Coming-out bei meinen Onkeln und Tanten in der Türkei wohl belastend für sie wäre. Das Thema wird dort noch zu wenig offen kommuniziert und diskutiert.

Léa (sie/ihr):
„Richtig outen musste ich mich nie"

Coming-outs können völlig unproblematisch sein:
Léa Spirig (43) wuchs mit queeren Menschen auf und
spricht von einem privilegierten Lebensweg.

„Meine lesbische Patentante wohnte mit meinen Eltern und mir im selben Haus", beginnt die Schweizer Fernsehredakteurin Léa Spirig auf die Frage nach ersten queeren Begegnungen. „Richtig outen musste ich mich nie. Mit meinem Vater habe ich mich mal hingesetzt und ihm erklärt, dass mich Jungs nicht interessieren. Er meinte nur, dass er das schon vermutet hatte."

Léas Weg als queere Frau nahm in einem sehr liberalen Umfeld einen selbstverständlichen Verlauf. „Als Mädchen war ich in meine Lehrerin verknallt. Später in eine Jugendgruppenleiterin", erklärt Léa, wie sie allmählich ihrer Gefühlswelt bewusst wurde. „Mit 16 ging ich auf meine erste Lesben-Party. Ich war mit Abstand die jüngste Frau im Raum und traf auf eine eingeschworene Gemeinschaft. Das war schon anders, als ich es mir vorgestellt hatte", reflektiert die 43-jährige ihren ersten Ausflug ins lesbische Nachtleben in den 90er-Jahren. „Es war anders als heute, wo man in queeren Jugendorganisationen Anschluss an gleichaltrige Menschen findet. Ich merkte damals schnell, dass ich auf anderem Weg Anschluss an gleichaltrige Lesben suchen musste."

Léa öffnete in einem Internetforum eine Gruppe für junge lesbische Frauen und fand so Schritt für Schritt gleichliebende Menschen. „Später begann ich, Partys mitzuorganisieren und als DJane aufzulegen", erinnert sich Léa. „Mein Umfeld unterstützte mich dabei. So kam meine Mutter sogar auf meine Partys."

Negative Erfahrungen aufgrund ihrer Homosexualität machte die Zürcherin, indem sie sich dumme Sprüche anhören musste. „Wenn ich mich als lesbisch outete, meinten Männer, ob sie mitmachen dürften. Heute passiert mir das zum Glück nicht mehr. Oder ich wurde in meiner sexuellen Orientierung nicht ernst genommen, was sehr mühsam ist."

ICH HABE MENSCHEN UM MICH GESAMMELT, DIE MICH SO AKZEPTIEREN UND LIEBEN, WIE ICH BIN.

Obwohl Léa sich nie richtig outen musste und wie selbstverständlich in das queere Leben in einer heteronormativen Gesellschaft fand, setzt sie sich heute im Fernsehen und der Öffentlichkeit für die Sichtbarkeit queerer Menschen ein. „Ich wünschte allen Menschen, ihr Coming-out wäre so selbstverständlich wie bei mir. Es tut mir weh, dass Menschen Ablehnung, Gewalt und Hass erleben." So wie Léa sich als Teenagerin queere Verbündete suchte, so lebt sie heute noch: „Ich habe mir eine Blase an Menschen um mich geschaffen, die mich so akzeptieren und lieben, wie ich bin."

Léa, es gibt viel weniger Lesben- als Schwulenbars.
Warum sind Lesben weniger sichtbar als Schwule in
der Gesellschaft?

Dies ist kein Problem in der queeren Community, sondern generell in unserer Gesellschaft: Frauen sind per se weniger sichtbar. Ein patriarchales Problem – das viele Männer nicht sehen.

Du hast die lesbische Community früher und heute erlebt.
Was ist heute anders?

Vor 20 Jahren waren Lesben überhaupt nicht sichtbar und die Community war weniger vielfältig: Als ich als blonde Teenagerin mit langen Haaren und Lippenstift in die Szene kam, war ich eine Exotin. Es freut mich, dass die lesbische Community heute vielfältiger ist und generationenübergreifend.

Was rätst du queeren Menschen, die Anschluss suchen?

Statt im Internet zu suchen, rate ich zum Kontakt mit queeren Organisationen, etwa der „Milchjugend" hier in der Schweiz. Dort kann man sich wunderbar verbinden und vernetzen. Es hilft ungemein, sich nicht mehr allein zu fühlen.

Heute noch weine ich an jeder Pride vor Freude und auch Rührung, wenn ich realisiere, wie viele queere Menschen wir sind und wofür wir stehen: Toleranz und Vielfalt und dass wir alle in der Gesellschaft unseren Platz erkämpft haben. Und dann werde ich stets von einer Dankbarkeit erfüllt, Dankbarkeit gegenüber den Generationen vor uns, die uns diesen Weg geebnet haben.

VERNETZE DICH – ES HILFT UNGEMEIN, SICH NICHT MEHR ALLEIN ZU FÜHLEN.

Janboris (er/ihm): „Es geht um das Nicht-Definieren meiner Geschlechtsidentität"

Als 19-Jähriger outete sich Janboris als schwul.
Mit 46 Jahren befindet er sich in einer zweiten Coming-out-Phase: Dieses Mal geht es um seine Geschlechtsidentität.
Janboris nutzte zum Zeitpunkt des Interviews die Pronomen er/ihm, jedoch ändert sich das fließend.

„Dieser männliche Wettbewerb war nie mein Ding", sagt Janboris, wenn er an den Schulsport damals denkt, als er acht war. „Ich wusste immer, dass ich nicht wie die anderen Jungs ticke. Was stimmt mit mir nicht, habe ich mich gefragt", erzählt der 46-jährige Mainzer. „Ich kann mich an eine Situation in der Umkleidekabine des Sportunterrichts erinnern, in der meine Schulkameraden mit ihren Schambehaarungen prahlten. Ich hatte keine. Dann fragte mich einer, ob ich keinen Schwanz hätte. Ich antwortete ‚Nein, den habe ich zuhause gelassen.' Das sorgte für Gelächter. Dann fügte ich hinzu, dass ich meinen Schwanz an- und abschrauben könne, was für noch mehr Gelächter sorgte.

Bereits mit acht Jahren merkte ich, dass Menschen aufgrund meines Geschlechts Erwartungen an mich stellten, die ich nicht erfüllen konnte." Janboris' Erfahrungen häuften sich. Auch im Teenageralter merkte er, dass er in keine Schublade passt, auch weil er sich sexuell vom gleichen Geschlecht angezogen fühlt. „In den 90er-Jahren war für mich die logische Konsequenz: Ich bin schwul.

Mein Coming-out bei den Eltern war herausfordernd", erzählt Janboris. Seine Mutter reagierte sehr heftig und schrie ihn an, konnte seine Homosexualität aber später akzeptieren. Der Vater redete wochenlang nicht mehr mit Janboris.

„Ansonsten waren meine Coming-outs kein großes Ding", erinnert sich der 46-Jährige. Wichtig ist ihm aber festzuhalten, dass dies nur so gewesen sei, wenn er sich als „typischer Junge" verhalten habe und der Norm entsprach. Wenn er ein Kleid trug oder Make-up auftrug, waren die Reaktionen komisch.

„Mit dem schwulen Coming-out glaubte ich die Lösung für meine Gefühle gefunden zu haben. Bis ich mich dann vor wenigen Jahren mit Geschlechtsidentitäten auseinandersetzte", sagt Janboris. Er bekommt ein Buch über Menschen mit diversen Geschlechtsidentitäten geschenkt: „Plötzlich merkte ich, dass ich mit dem Begriff ‚trans' immer Falsches in Verbindung brachte. Ich dachte immer, wenn ich ‚trans' wäre, müsste man mir was abschneiden. Dann realisierte ich, dass non-binäre Menschen, die sich weder Mann noch Frau zuordnen, auch unter trans* fallen, ihr biologisches Geschlecht aber nicht zwingend in Frage stellen."

Janboris begriff mit über 40 Jahren, dass sein schwules Coming-out mit Anfang 20 zwar die Frage nach der Homosexualität geklärt hatte, er sich aber von einer Schublade in die nächste gepresst hatte: „Erst wurde ich 20 Jahre als heterosexueller Mann gelesen, mit all den Klischees wie eben dem Rumprahlen und dem männlichen Wettbewerb. Dann hatte ich mich geoutet und musste nun das schwule Klischee erfüllen. Konkret bedeutete das, dass ich gewisse Kleidung getragen habe und auf die ‚richtigen' Partys gegangen bin. Es war sozusagen die Fortsetzung der Situation in der Umkleidekabine als Junge: Mein Umfeld hatte Erwartungen an mich, mit denen ich mich unwohl fühlte."

Heute ist Janboris klar, dass die sexuelle Anziehung gegenüber dem gleichen Geschlecht zwar Bestandteil seiner Person ist, er aber mit der schwulen Identität hadert. „Ich fing an zu googeln und merkte, dass es öffentliche Personen gibt, die non-binär auftreten. Da habe ich gemerkt, das bin ich." Nach seinem Coming-out mit 20 Jahren bei Freunden und Freundinnen, Familie und Eltern befindet sich Janboris heute mit 46 Jahren im Coming-out-Prozess als non-binäre Person und trans* Mensch. „Mein privates Umfeld ist da weniger problematisch. Einige begreifen es zwar noch nicht richtig und fragen sich, warum ich Ohrringe und Nagellack trage, aber für sie gehört das alles in die gleiche Schublade.

Anders ist es mit seinem Arbeitgeber. Da es zum Job von Janboris gehört, das Unternehmen öffentlich zu repräsentieren, ist ein non-binäres
Erscheinungsbild immer wieder Thema mit Vorgesetzten. Einige sind zu
Kompromissen bereit, andere nicht. In der Regel wird von ihm erwartet,
den stereotypischen Cis-Gender-Heteromann mit Anzug und Krawatte
zu geben. „Ich weiß nicht, wie lange ich das noch mitmache", meint Janboris nachdenklich. Gleichzeitig hat er für sein Umfeld Verständnis: „Wir
wachsen mit Schubladen auf. Bei meinem zweiten Coming-out geht es
um das Nicht-Definieren meiner Geschlechtsidentität. Ich erwarte von
meinem Umfeld nicht, dass sie das verstehen. Schlussendlich will ich
meine Erwartungen erfüllen und binäre Prägungen darüber, was typisch
Mann und typisch Frau ist, loswerden."

Janboris beobachtet in der Community einen Wandel: „Die neue Gene-
ration setzt sich aktiv mit der Geschlechtsidentität auseinander. Auf der
Pride sehe ich Menschen binäre Systeme aufbrechen, die vor ein paar
Jahrzehnten wohl noch als heterosexuell gegolten hätten."

DIE NEUE GENERATION SETZT SICH AKTIV MIT DER GESCHLECHTSIDENTITÄT AUSEINANDER.

Janboris, wie schaust du heute auf dein erstes Coming-out, damals mit 20 als schwuler Mann?

Mich in den 90er-Jahren als schwul zu outen, war die passendste Variante, die ich kannte. Heute würde ich mich wohl einfach als non-binär definieren und die Frage nach der sexuellen Orientierung wegfallen lassen. Das heißt aber nicht, dass ich es tatsächlich anders haben möchte. Jede Erfahrung, jeden Fehler möchte ich wieder machen.

Du befindest im Prozess des zweiten Coming-outs. Es geht dieses Mal um deine Geschlechtsidentität. Wie erlebst du diesen Prozess?

Ich genieße die Reise, das Ausprobieren, das Herausfinden, wer ich bin. Es ist eine Art, wieder spielerischer mit mir umzugehen, und auch ehrlicher. Da ich jahrelang binär geprägt wurde, weiß ich nicht, ob ich diesen Prozess jemals abschließen werde, ich wünsche es mir. Außerdem möchte ich eines Tages ein „X" im Pass als non-binäre Person. Transgeschlechtliche oder nicht-binäre Menschen, die mit eindeutig zuzuordnenden Geschlechtsmerkmalen zur Welt gekommen sind, können in Deutschland ihren Geschlechtseintrag nicht einfach so ändern. So oder so steht für mich fest: Das binäre System hilft niemandem. Außer dem Patriarchat.

Olivier (er/ihm):
„Als schwuler Mann bin ich verheiratet und Familienvater"

Olivier Borer (41) ist Sportmoderator im Fernsehen, schwul und verheiratet mit einem Mann. Er erzählt vom Respekt vor Coming-outs und dem Vaterwerden.

„Beim Durchblättern von Modekatalogen mit Männern in Unterwäsche wurde mir einiges klar", sagt Olivier Borer rückblickend. Heute ist er ein bekanntes Aushängeschild des öffentlich-rechtlichen Schweizer Fernsehens. Damals war Olivier gerade mal zwölf und ziemlich verunsichert über sein Begehren: „Ich habe mir die Fotos heimlich angeschaut und die damit verbundenen Gedanken gleich wieder verdrängt", erinnert sich Olivier. Das Erlebte trieb den Schweizer aber dazu an, sich weiter zu informieren, erst über Jugendzeitschriften, später auch via Internet.

Über virtuelle Chats knüpfte Olivier erste Kontakte zu anderen schwulen Jungs und konnte sich so austauschen. Ohne queere Vorbilder in seinem Umfeld blockierte ihn die ganze Situation. Während andere Mitschüler*innen erste sexuelle Erfahrungen machten, wurde Olivier beschimpft und beleidigt: „Meine Mitschüler*innen im Gymnasium ahnten wohl, dass ich schwul bin, und verletzten mich mit Worten wie ‚Hinterlader' und ‚Tunte'." Eine schwierige Zeit für Olivier, der schon in früheren Jahren gehänselt wurde. Seine schulischen Leistungen ließen zwar nicht nach, er selbst litt jedoch sehr unter dem Mobbing. „Ich fühlte mich ausgeschlossen und allein. Helfen ließ ich mir nicht. Ich wollte das damals allein durchstehen. Damit habe ich mein Umfeld wohl überfordert. Und mich selbst auch."

Olivier kannte auf dem Land keine Fachstelle, die ihm Unterstützung hätte bieten können, lernte aber mit 18 online einen schwulen Mann kennen, der in der Gegend wohnte. „Dann wurde es richtig schräg: Zum ersten Mal war ich richtig verliebt, musste mein Glück aber verstecken." Seine Angst vor Ablehnung in seinem Heimatdorf mit 2500 Menschen war groß. Bis Olivier sich entschied, Test-Coming-outs zu machen: „Statt es gleich meiner besten Freundin zu sagen, wagte ich den Schritt erst bei einer anderen Freundin. Mir schien das Risiko nicht ganz so groß, falls mein Coming-out auf Ablehnung stoßen würde", sagt Olivier heute mit einem breiten Grinsen.

Die Freundin reagierte sehr positiv. „Sie hat mir schriftlich auf mein Coming-out geantwortet, da sie wohl spürte, dass ich noch nicht bereit war, darüber zu sprechen. Das empfand ich als sehr empathisch."

MEINE BESTE FREUNDIN REAGIERTE MIT EINEM SEHR VERSTÄNDNISVOLLEN BRIEF.

Nach der positiven Coming-out-Erfahrung schrieb der heute 41-Jährige schließlich seiner besten Freundin. In einem Brief offenbarte er seine Homosexualität und die Gefühle zu seinem damaligen Freund. Die beste Freundin reagierte mit einem sehr verständnisvollen Brief. „Es war ein Schlüsselerlebnis für mich, dass sie so gut reagiert hat. Wir sind heute noch befreundet."

Es folgten weitere Coming-outs. „Ich war um die 17 Jahre alt. Meine Mutter fragte mich eines Tages direkt, ob ich schwul sei, da sie meine weggeworfenen Tagebucheinträge gelesen hatte. Erst war ich schockiert. Dann war ich aber sehr erleichtert, dass sie den ersten Schritt auf mich zu gemacht hat. Ich weiß nicht, ob ich den Mut dazu schon gehabt hätte." Seinem Vater und seinem Bruder erzählte Olivier erst später von seiner Homosexualität. Dabei stellte sich heraus, dass seine Angst vor negativen Reaktionen völlig unbegründet war: „Beide reagierten sehr offen auf mein Coming-out."

Heute mit über 40 Jahren ist Olivier überall geoutet, auch als öffentliche Person im Fernsehen. Er musste aber knapp 30 werden, um sich rundum wohlzufühlen. Und als Sportmoderator hatte er mit Ende 30 erneut Zweifel, sich zu outen: „Würden Fußballspieler mich anders behandeln, wenn ich vor der Umziehkabine auf Interviews warten würde? Solche und andere Fragen gingen mir durch den Kopf. Völlig unbegründet, wie sich herausstellte."

BIS ZU MEINEM COMING-OUT HATTE ICH DAS GEFÜHL, MICH STÄNDIG ANPASSEN ZU MÜSSEN. ENDLICH BIN ICH ICH SELBST.

Mit über 40 Jahren lackiert sich Olivier auch mal die Fingernägel und bricht klassische Rollenbilder auf. Er ist mit einem Mann verheiratet und stolz, dass er zu sich selbst stehen kann. „Ich hatte eine glückliche Kindheit. Bis zu meinem Coming-out in Familie und Freundeskreis hatte ich aber auch das Gefühl, mich ständig anpassen zu müssen, um nicht anzuecken. Endlich bin ich ich selbst."

Olivier, in deiner Jugend hast du online queere Kontakte geknüpft. Würdest du das wieder so machen?

Damals sah ich in meinem Umfeld keine andere Möglichkeit. Aus heutiger Sicht würde ich Vorsicht walten lassen: Auch wenn ich selbst keine schlechten Erfahrungen gemacht habe, sind im Internet auch dubiose Menschen unterwegs. Der etwas anonymere Austausch half mir aber als Zwischenschritt zu meinem Coming-out.

Wie lebst du heute als schwuler Mann?

Ziemlich spießig! Ich bin seit sieben Jahren verheiratet und seit 20 Jahren mit dem gleichen Mann zusammen. Wir genießen eine große Vertrautheit in unserer gemeinsamen Wohnung. Offen sagen zu können, dass ich mit einem Mann verheiratet bin, half mir, mich selbst zu lieben und komplett zu akzeptieren.

Seit Kurzem sind wir zudem Eltern. Mein größter Traum – eine Familie – ging in Erfüllung. Mithilfe einer Leihmutterschaft in den USA konnten wir unser familiäres Glück finden.

ICH MÖCHTE ANDEREN EIN VORBILD SEIN.

Du arbeitest als Sportmoderator und -reporter.
Wie erlebst du Queersein und Sport?

Im Frauenfußball ist es völlig normal, queere Menschen auf dem Platz zu haben. In Sachen Diversität hinken die Männer im Sport, vor allem im Fußball, um einiges nach. Das Wort „schwul" wird auf dem Platz immer noch als Schimpfwort benutzt. Das empfinde ich als verletzend und rückständig. Mit solchen Aussagen werden so viele Menschen denunziert, wird so vielen Menschen verunmöglicht, offen und stolz zu sich selbst zu stehen und sich anderen zu öffnen.

Ich selbst teile in der Öffentlichkeit meine Erfahrungen als schwuler Mann und jetzt auch die Geschichte meiner Familie, damit ich anderen ein Vorbild sein kann, das mir damals schmerzlich gefehlt hat.

Annina (sie/ihr):
„Ein verliebtes Kribbeln im Bauch
kenne ich nicht"

Annina (25) gehört zu einer Minderheit in
der Minderheit: Nur gerade mal ein Prozent der Menschen
identifizieren sich als aromantisch und asexuell.
Allein ist Annina deshalb nicht.
Annina nutzte zum Zeitpunkt des Interviews die Pronomen
sie/ihr.

„Lange ging ich davon aus, heterosexuell zu sein", erzählt Annina aus Bern. „Bis ich nach dem Gymnasium im Ausland eine Frau kennenlernte, die mich faszinierte. Plötzlich war ich überzeugt: Ich bin bisexuell." Annina baute eine Beziehung zu dieser Frau auf, die sie heute ein paar Jahre später eher als Freundschaft als romantische Beziehung bezeichnet.

Dann ergab sich ein weiterer Twist in Anninas Leben. „Knapp zwei Jahre lang versah ich mich mit einem bisexuellen Label. Ich outete mich auch bei meinen Eltern, die mein Coming-out direkt akzeptierten. Dann lernte ich einen Mann kennen." Anninas neue Bekanntschaft war romantisch und sexuell an ihr interessiert. Sie verbrachte gern Zeit mit dem Mann, und trotzdem schien etwas anders als bei anderen Menschen: „So ein richtiges verliebtes Kribbeln spürte ich nicht. Trotzdem kamen wir zusammen. Für den Moment hat es gepasst."

Nach zweieinhalb Jahren ging die Beziehung während der Pandemie auseinander. Während sie die Zeit mit dem Mann reflektierte, schien plötzlich alles Sinn zu ergeben: „Ich erinnerte mich an meine Erfahrungen mit Frauen und glaubte, ich sei lesbisch – bis ich ein Buch mit asexuellen Charakteren las." In dem Buch „Loveless" von Alice Oseman begegnete Annina den Begriffen Aromantik und Asexualität und fühlte sich direkt angesprochen. „Am Anfang war es ein bisschen verwirrend. Heute ist mir klar, dass mir Menschen wichtig sind, allerdings lediglich platonisch und nicht romantisch. So erinnerte ich mich, dass die Worte ‚Ich liebe dich' bei mir immer ein Unbehagen auslösten. Und ich nie die sogenannten Schmetterlinge im Bauch spürte."

Das Thema Aromantik und Asexualität diskutierte die Bernerin immer wieder mit einer Freundin. Weil Annina dieses Label als immer passender für sich betrachtete, outete sie sich erneut bei ihren Eltern. Wie bei ihrem bisexuellen Coming-out reagierten diese auch hier mit viel Akzeptanz. „Generell mache ich nur positive Erfahrungen mit meinem Coming-out als aromantische und asexuelle Person. Auch im Job: Als eine Fernsehsendung zum Thema mit mir als Protagonistin ausgestrahlt wurde, kamen am nächsten Tag diverse Leute auf mich zu, gratulierten mir zu meiner Offenheit und wollten mehr erfahren."

GENERELL MACHE ICH NUR POSITIVE ERFAHRUNGEN MIT MEINEM COMING-OUT ALS AROMANTISCHE UND ASEXUELLE PERSON.

Trotzdem wird Annina auch mit Vorurteilen konfrontiert. „Manche Menschen denken, ich empfände keine Liebe und sei gefühlskalt. Fakt ist, dass ich Anziehung durchaus spüre, nur eben keine romantische." Annina bezeichnet ihre eigene sexuelle Lust als klein. Und wenn sie mal masturbiere, sei das zwar befriedigend, aber ohne Kribbeln und Geilheit. Gespräche über Liebe und Sex findet sie weniger spannend, Sexszenen in Filmen und Büchern findet sie eher aus wissenschaftlicher Sicht interessant.

Annina, was sind die Herausforderungen als asexuelle Person in der heutigen Zeit für dich?

Viele Menschen haben das Ziel, mit ihren Partner*innen zusammenzuziehen, zu heiraten, Kinder zu kriegen. Ich bin Single und allein. Da habe ich manchmal Angst, durch Freund*innen und Familie ersetzt zu werden. Tatsächlich können sich viele aromantische und asexuelle Menschen überhaupt nicht vorstellen, mit einer anderen Person zusammenzuleben. Ich selbst würde eine langjährige platonische Beziehung, in der man emotional füreinander da ist, sehr schätzen.

MIR HAT ES GEHOLFEN, YOUTUBE-VIDEOS UND REDDIT-EINTRÄGE ZUM THEMA ZU LESEN.

Was würdest du dir von anderen Menschen wünschen?

Mir hilft es, wenn es andere Gesprächsthemen gibt als Beziehungen und Sex. Auch ständig dieselben Klischeefragen zu meiner aromantischen und asexuellen Person nerven.

Was rätst du einer Person, die nicht sicher ist, ob sie asexuell ist?

Mir hat es geholfen, Youtube-Videos und Reddit-Einträge zum Thema zu lesen: Von den Erfahrungen anderer konnte ich lernen und mich damit identifizieren. Persönlich würde ich mich nicht auf ein Label fokussieren. Hauptsache, du fühlst dich wohl als Mensch.

Yannik (er/ihm, sie/ihr, they/them): „Ich verlasse mich auf meine Intuition"

Seine Mode ist anders als die Norm. So wie er
selbst auch: Yannik Zamboni (37) ist als Fashion-Designer
in Europa und den USA bekannt. Sein schwules
Coming-out hatte er als Teenager.

„Als Knabe fühlte ich mich zu anderen Knaben hingezogen", erinnert sich Yannik in seinem Mode-Atelier in Zürich. „Ich hatte als 13-Jähriger sexuelles Verlangen, wollte mit meinen Mitschülern experimentieren. Und tat es auch."

Yannik, der als Fashion-Designer weltweit Mode verkauft, schildert, wie er mit anderen Jungs in der Sportduschkabine und im Schullager Berührungen austauschte und Körperteile verglich: „Sich gegenseitig an die Eier zu fassen, war irgendwie so ein Bubending."

ICH FING AN, AUSZUGEHEN UND DIE QUEERE SZENE ZU ENTDECKEN.

Seine Experimentierfreude als Teenager ließ ihn zwar seine sexuelle Orientierung entdecken, sorgte aber auch für Scham. „Durch mein religiöses Umfeld war ich überzeugt, etwas Sündiges und Schlechtes zu tun. Mein innerliches Verlangen wurde dadurch gebremst." Yannik tat sich schwer, seine gleichgeschlechtlichen Gefühle und Erfahrungen zu akzeptieren: „Schwulsein war bei uns auf dem Land kein Thema. Niemand hat darüber gesprochen."

Trotzdem wird Yannik mit 15 bewusst, dass er homosexuell ist. Die Religion und seinen Glauben lässt er hinter sich. Mit 16 schließt er die Schule ab und beginnt eine kaufmännische Lehre. Dort trifft er auf ein queeres Umfeld: „Mein Lehrmeister war selbst schwul, ich fing an, auszugehen und die queere Szene zu entdecken."

Laut Yannik war es entscheidend, dass ihn jemand an der Hand nahm und ihn unterstützte. Nachdem es am Arbeitsplatz kein Ding war, über homosexuelle Gefühle zu sprechen, fing er auch an, mit Freund*innen und seiner ein Jahr jüngeren Schwester darüber zu sprechen.

„Meine Schwester und ich wollten mit 16 ohne Eltern nach Mallorca in die Ferien verreisen. Am Flughafen habe ich mich bei ihr geoutet. Schließlich wollte ich meine Schwäche für die attraktiven Spanier nicht verstecken", erzählt Yannik schelmisch. Seine größte Sorge war, seine Schwester könnte ihn bei seinen Eltern verpetzen. Das tat sie aber nicht: „Sie reagierte mit viel Akzeptanz, obwohl sie erst nicht glauben konnte, was ich ihr offenbarte. Schließlich kannte sie mich auch mit der einen oder anderen Frauengeschichte."

Das Coming-out bei seinen Eltern wollte Yannik aufschieben, bis er in einer festen Beziehung war. Zu groß war seine Sorge, die Eltern könnten ihn vor die Türe stellen. „Als ich dann meinen ersten Partner kennenlernte, wollte es der Zufall, dass sich meine Schwester mir mit ihrem Geheimnis anvertraute: Sie war schwanger. Zusammen schmiedeten wir einen Plan: uns gleichzeitig bei den Eltern zu outen – sie schwanger, ich schwul."

Bei einem Gespräch zu viert ließen Yannik und seine Schwester die Katze aus dem Sack: „Die Schwangerschaft meiner Schwester sorgte schon für ein bisschen Drama, Tränen flossen. Mein schwules Coming-out wurde von meinem Vater sehr locker aufgenommen. Meine Mutter jedoch weinte auch deshalb und machte sich Vorwürfe, in der Erziehung etwas falsch gemacht zu haben."

Nach dem Gespräch zog Yannik zu seinem damaligen Partner, denn seine Mutter konnte sein Coming-out nur schwer annehmen: „Wochenlang weinte sie jedes Mal, wenn wir uns sahen. Das nervte mich und ich meinte, sie solle sich mal über Homosexualität informieren." Schließlich war das Coming-out Yanniks der Moment, in dem seine Eltern auch ihre Religion hinterfragten und sich von ihrem Glauben distanzierten. Nach einigen Monaten zog Yannik zurück zu seinen Eltern.

Für den Fashion-Designer bedeutete das Coming-out, eine Last loszuwerden: „Als Teenager fühlte ich mich lange unwohl, hatte innere Kämpfe mit mir. Auch wurde ich ausgegrenzt, weil ich femininer als die anderen Jungs war und mit meinem Erscheinungsbild in Form von Kleidern und Haaren experimentierte." Als er sich selbst akzeptierte, legten sich die Selbstzweifel.

„Heute oute ich mich gar nicht mehr", erzählt der 37-Jährige. „Das geht niemanden etwas an. Und wenn mich auf der Straße wieder einmal jemand anrempelt, weil ich lackierte Fingernägel oder gebleachte Augenbrauen habe, antworte ich mit der Frage, ob sie meinen Schwanz lutschen wollen. Da geben die meisten Ruhe." Yannick grinst schelmisch. Die Provokation erlaubt er sich allerdings nur, wenn er merkt, dass das Gegenüber ihm nichts antun kann: „Ich verlasse mich auf meine Intuition – bei allen Dingen."

Yannik, braucht es 2023 noch Coming-outs?

Sagen wir mal so: Wenn dein Umfeld informiert und aufgeklärt ist, deine Eltern, Freund*innen, Lehrer*innen und so weiter, dann musst du dich unter Umständen gar nie outen. An vielen Orten ist das aber nicht der Fall. Da muss man sich wohl auch 2081 noch outen.

Wie hat dein Coming-out deine Karriere beeinflusst?

Weder positiv noch negativ. Während meiner Lehre bei der Versicherung hatte ich queere Kolleg*innen. In der Modewelt ist mein Schwulsein so oder so kein Ding.

HEUTE OUTE ICH MICH GAR NICHT MEHR – DAS GEHT NIEMANDEN ETWAS AN.

Wie frei fühlst du dich als queerer Mensch heute?

Bin ich in New York und Los Angeles unterwegs, fühle ich mich superfrei. Kein Mensch interessiert sich dafür, wie ich angezogen bin und wen ich liebe.

Anders in der Schweiz: Da überlege ich mir schon, zu welcher Zeit ich unterwegs bin und welche Menschengruppen mir wohl begegnen, und kleide mich dementsprechend. Es nervt. Aber ich muss mir diese Fragen stellen, da mein Auftreten durchaus für Konflikte sorgen kann.

Jazz (sie/ihr): „Mein Aussehen definiert nicht meine Geschlechtsidentität"

Mal mit langen Haaren und Make-up, mal mit Glatze und Bart: Jazz (41) ist non-binär und setzt sich für Diversität ein.

„Der Typ sieht ja geil aus", rutschte es Jazz als 12-jähriger Jugendlicher raus. Ihr Cousin schaute sie so überrascht an, wie sie es selbst in diesem Moment war. „Dann war mir sofort klar: Ich bin wohl homosexuell", erzählt Jazz heute. Sie wurde damals als Junge gelesen und sah sich auch selbst so, doch heute definiert sie sich als non-binär und verwendet als Pronomen „sie/ihr" für sich. „Das war neu für mich, obwohl ich schon immer sehr selbstbewusst war und früh meinen eigenen Willen hatte: Ich zog die Kleider an, die mir gefielen, und ließ mich nicht von anderen beirren."

Trotzdem vergingen noch einige Jahre, bis Jazz ihr offizielles Coming-out hatte. „Mit 16 lernte ich einen anderen Mann kennen. Um Sex mit ihm zu haben, wollte ich mir Kondome besorgen. Da ich mich schämte, damit an die Kasse zu gehen, entschloss ich mich, die Kondome zu stehlen. Prompt erwischte mich die Polizei dabei."

Die Mutter, erzürnt über den Diebstahl, holte Jazz von der Wache ab. „Ich war überrascht, dass sie sich nur für die Straftat interessierte und weniger für die Kondome. Ich entschied mich, sie in mein Geheimnis einzuweihen, und fragte: Was glaubst du wohl, warum ich Kondome brauche?'"

Jazz' Mutter glaubte, eine Frau sei im Spiel und fragte nach, wie „sie" denn heiße. „Als ich antwortete, ‚er', fing das Drama erst richtig an." Die Mutter fing an zu weinen, sorgte sich, Jazz würde sich mit HIV infizieren oder sei vielleicht trans*. „Die üblichen Klischee von Menschen, die sich nicht mit der queeren Welt auskennen", meint Jazz heute.

„Ich ging dann schlafen, ohne zu wissen, dass meine Mutter noch in der Nacht meine Familie über meine Homosexualität informierte. Als wir uns alle zusammen am nächsten Tag zum Muttertag trafen, wussten alle bereits Bescheid. Meine Mutter weinte erneut. Als mich meine Großmutter zur Seite nahm, hatte ich Angst vor ihrer Reaktion, denn ich stamme aus einer konservativen Familie. Doch meine Großmutter überraschte nicht nur mich, sondern alle, als sie sagte: Du weißt, egal ob jemand ein Problem mit deiner Hautfarbe, deinem Kleidungsstil oder deiner sexuellen Orientierung hat, ich stehe hinter dir und schlage dieser Person in die Fresse.' Diese harsche Ausdrucksweise meiner Großmutter überraschte mich. Gleichzeitig realisierte ich in diesem Moment, dass mein Coming-out in der Familie gelungen war."

MEINE GROSSMUTTER ÜBERRASCHTE MICH, ALS SIE SAGTE, SIE STEHE VOLL HINTER MIR.

Die Mutter von Jazz brauchte weitere zwei Jahre, bis sie mit der Homosexualität umgehen konnte. Auch ihr Vater, der getrennt von der Familie lebt, reagierte zunächst überrumpelt: „Als ich mich outete, ließ er mich stehen. Schließlich schickte er mir einen Brief, in dem er mitteilte, dass er mich liebe, aber erst einmal Zeit brauche."

Trotz dieser durchaus herausfordernden Momente war Jazz froh über ihre Befreiung: „Vor dem Coming-out war ich innerlich zerrissen. Als junger Erwachsener machte ich dann viele Erfahrungen, suchte Halt in der LGBTQIA+-Community und trat als Dragqueen auf. Durch diese Erfahrungen wurde mir klar, dass ich transident bin."

SELBST IN DER COMMUNITY SIND WIR MIT VORURTEILEN, DISKRIMINIERUNG UND STRUKTURELLEN UNGLEICHHEITEN KONFRONTIERT.

Mitte der 2000er-Jahre war über non-binäre Lebensweisen viel weniger bekannt als heute. „Ich informierte mich über Geschlechtsanpassungen, merkte aber, dass die Operationen niemals den Erfolg bringen würden, den ich mir beim Blick in den Spiegel erhoffen würde. Heute weiß ich: Mein Aussehen definiert nicht meine Geschlechtsidentität. Egal ob mit Glatze und Bart oder langen Haaren und Make-up: Ich denke und fühle als Frau."

*Jazz, was muss in Sachen Non-Binarität in der Gesellschaft
noch geschehen?*

Auf der einen Seite fehlt mir noch die Normalität dem Thema gegenüber. Non-binäre Menschen werden noch nicht wie Schwule oder Lesben behandelt. Selbst in der Community selbst sind wir mit Vorurteilen,
Diskriminierung und strukturellen Ungleichheiten konfrontiert. Andererseits wünsche ich mir, dass sich Menschen mit dem Thema befassen.
Verständnis füreinander ist von beiden Seiten gefragt.

ALS QUEERE BIPOC HABE ICH DEFINITIV NOCH MEHR HERAUSFORDERUNGEN ZU MEISTERN.

**Du bist eine BIPoC (Black Indigenous Person of Color)
und queer. Welchen Unterschied siehst du zu einem Leben
als weiße Person?**

Als BiPoC erlebe ich Racial Profiling, gesellschaftliche Vorurteile und
Ungleichbehandlung. Ich habe definitiv noch mehr Herausforderungen
zu meistern, weil ich queer bin. Wir sollten aber auch nicht vergessen,
dass jeder Mensch Intersektionalität vorweist, also seine eigene Her-
kunft, Religion etc. hat.

Ein Beispiel: Neulich bin ich in einem Kurs einer queeren Person begegnet, die den Begriff Intersektionalität nicht kannte. Daraufhin habe ich zwei weitere Menschen hinzugeholt und sie mit diversen Fragen konfrontiert: In welchen Land sie geboren wurden, welchen Glauben sie hätten, was ihre Stärken seien etc. Da hat es klick gemacht und der Begriff Intersektionalität wurde als Synonym für Diversität verstanden.

Wenn wir Menschen verstehen, dass genau diese Ungleichheiten sehr bereichernd sein können, indem wir uns gegenseitig bestärken, Wissen austauschen und uns ebenbürtig betrachten, gewinnen wir alle.

Dominique (sie/ihr):
„*Den* Coming-out-Moment hatte ich nie"

Dominique Rinderknecht (33) wurde als öffentliche Person
schweizweit als heterosexuell wahrgenommen.
Dann machte sie die Liebe zu einer Frau öffentlich und
outete sich als pansexuell.

Mit einem Krönchen auf dem Kopf ziert sie die Titelblätter der Schweizer Tageszeitungen: 2013 gewinnt Dominique Rinderknecht den Schönheitsköniginnen-Titel „Miss Schweiz" und wird zur schweizweit berühmten Person. Die damals 23-Jährige ist nicht selten mit ihrem damaligen Partner auf dem TV-Bildschirm und in Zeitschriften zu sehen.

„Ich war in festen und langen Beziehungen mit Männern – ehe ich mich in eine Person des gleichen Geschlechts verliebte", erzählt Dominique zehn Jahre später. „Mitte 20 trennte ich mich als Miss Schweiz von meinem Partner und verspürte das Bedürfnis, sexuelle Erfahrungen mit Frauen zu machen. Ich war zuvor nie abgeneigt, hatte aber auch nicht genauer darüber nachgedacht", reflektiert sie heute. „Als ich es dann ausprobierte, war ich sehr überrascht, wie gut mir es gefiel."

ALS ICH ES MIT FRAUEN AUSPROBIERTE, WAR ICH SEHR ÜBERRASCHT, WIE GUT MIR ES GEFIEL.

Dann entwickelte sich alles wie von alleine. „*Den* Coming-out-Moment hatte ich nie. Bei Gesprächen mit Freund*innen erwähnte ich meine Erfahrung mit Frauen. Dies stieß auf Neugier und Unterstützung: Sie wollten wissen, wie sich das alles für mich anfühlte, oder stellten auch Fragen zu meinen gleichgeschlechtlichen sexuellen Erfahrungen. Als ich dann meine allererste Partnerin zu daten begann, erzählte ich dies auch meiner Mutter. Sie schmunzelte und freute sich für mich. Überrascht war sie, weil ich bisher Beziehungen mit Männern hatte. Ein Problem war es aber nicht, da meine Mutter selbst queere Freund*innen hat."

Dominique hatte zwar ein tolerantes Umfeld, stand als prominente Person aber auch unter dem Druck der Medien. „Ich wollte keinesfalls durch eine Schlagzeile fremdgeoutet werden. Nachdem Journalist*innen vermehrt nach meinem Beziehungsstatus fragten, entschied ich mich 2016, die ganze Familie über meine Partnerin einzuweihen." Besonders das Coming-out bei ihrer Großmutter machte Dominique Bauchschmerzen. Doch deren Reaktion war äußerst positiv. „Auf meine Offenbarung, dass ich eine Frau datete, meinte meine Oma nur: ‚Das ist ja heute ganz normal', und lachte."

AUF MEINE OFFENBARUNG, DASS ICH EINE FRAU DATETE, LACHTE MEINE OMA, DAS SEI JA HEUTE GANZ NORMAL.

Am Tag danach postete Dominique mit ihrer Partnerin ein Video, in dem sie ihre Liebe öffentlich machten. Die größten Schweizer Medientitel berichteten darüber. „Wahrscheinlich lag das auch daran, dass ‚Miss Schweiz' eher ein traditioneller Titel ist. Tatsächlich verlor ich durch mein Coming-out auch Markenjobs." Die bisher heterosexuell gelesene Miss Schweiz, die nun als bisexuelle Frau im Rampenlicht stand, schien einigen Unternehmen zu heikel.

Privat machte Dominique ausschließlich positive Erfahrungen. „Ich setzte mich vermehrt mit der queeren Welt auseinander und merkte nach einer Weile, dass ich nicht bi-, sondern pansexuell bin. Mich interessiert eben nicht das Geschlecht einer Person, sondern die Persönlichkeit eines Menschen", erklärt Dominique. „Bei meinem Coming-out habe ich mich auf das Recht gestützt, dass ich niemandem mitteilen muss, wie meine sexuelle Orientierung ist. Ich teilte mit, wen ich date, weil mir wichtig war, dass die Menschen wissen, wen ich liebe."

Aktuell ist Dominique mit einem Mann zusammen. „Es ist krass, wie schnell ich seit meinem neuen Partner wieder in die heterosexuelle Schublade gesteckt werde. Wenn ich dann bei Gelegenheit von meiner Pansexualität erzähle, sind die meisten überrascht und auch überfordert. Begriffe wie Pansexualität sind in vielen Köpfen noch nicht verankert."

Dominique, was rätst du einem Menschen, der die Neugier verspürt, sich sexuell auszuprobieren?

Verlier keine Zeit, tu es! Finde raus, was dir gefällt. Generell sollten Menschen mehr Möglichkeiten in der Liebe und Sexualität entdecken – und zwar ganz im eigenen Tempo. Das Wichtigste dabei: Mach nur, worauf du auch wirklich Lust hast.

Wie unterscheidet sich dein Leben mit einem Mann von dem mit einer Frau oder non-binären Person?

In einer Beziehung mit einem Mann ist mein Leben viel einfacher. Es wird „normaler" mit mir umgegangen. Auch ist es leider eine Tatsache, dass viele Dinge unkomplizierter sind: Wenn ich mit einem Mann zusammen bin, werden Themen wie Hochzeit und Kinderkriegen unmittelbar einfacher.

Curdin (er/ihm):
„Als schwuler Spitzensportler
hatte ich Angst vor Ablehnung"

Curdin Orlik (30) ist ein bekannter Schweizer
Spitzensportler, als er sich als erster Schwinger –
eine Schweizer Variante des Freistilringens – als schwul outet.
Seine Geschichte sorgte weltweit für Schlagzeilen.

Es ist der 6. März 2020. Curdin Orlik wacht mit gemischten Gefühlen auf. „Heute kommt es raus, dachte ich mir. Ich war meganervös", erinnert sich Curdin einige Jahre später an den Tag seines öffentlichen Coming-outs. „Ich hatte große Angst vor Ablehnung."

Curdin, der in der Schweiz aufwuchs, spürte bereits als 13-Jähriger, dass er sich vom gleichen Geschlecht angezogen fühlte. „Damals wollte ich meinen Gefühlen keinen Raum geben. Da ich seit dem Kindergarten Freundinnen hatte, machte ich einfach so weiter." Heute lacht Curdin darüber, doch damals war es ernst. „Ich habe meine Homosexualität verdrängt. Es war wie ein innerer Kampf."

Mit 17 fand sich Curdin in seiner ersten längeren Beziehung mit einer Frau wieder. Nach zwei Jahren trennten sie sich. Curdin nimmt seinen Mut zusammen und macht erste sexuelle Erfahrungen mit Männern. „Leider machte ich dabei schlechte Erfahrungen. In Online-Foren lernte ich richtig schräge Typen kennen – psychische und physische Gewalt war im Spiel. Danach dachte ich mir, dass ich das mit den Männern lieber lassen sollte."

Kurz darauf lernte Curdin eine Frau kennen, mit der er vier Jahre zusammen war und ein Kind bekam. „Obwohl ich sie liebhatte und sie großartig fand, merkte ich nach einiger Zeit, dass die Beziehung mehr eine Freundschaft war. Mit 24 trennte ich mich von ihr. Mit Kind und Freundin habe ich meine schwulen Gefühle lange kaschiert. Wenn über Frauen und derer Attraktivität gesprochen wurde, machte ich halt mit."

Wenige Wochen später outete sich Curdin bei seiner Ex-Freundin als schwul. „Auf mein Coming-out hat sie gut reagiert. Mein Sohn war damals erst wenige Monate alt und wächst heute mit heterosexueller Mutter und homosexuellem Vater ganz natürlich auf."

2020 wagte er dann, auch öffentlich als Spitzensportler zu seiner Homosexualität zu stehen. Vorab hatte er Teamkollegen, nahe Freund*innen und seine Familie persönlich informiert. „Als es dann raus war, fühlte ich große Scham. So wie ich es schon bei meinen Coming-outs im engsten Vertrautenkreis hatte, empfand ich meine sexuelle Orientierung als etwas Schlechtes." Durch positive Reaktionen und Selbstakzeptanz verschwand die Scham mit der Zeit. „Es ist ein Prozess," so Curdin.

MEIN SOHN WÄCHST MIT HETEROSEXUELLER MUTTER UND HOMOSEXUELLEM VATER GANZ NATÜRLICH AUF.

„Die Reaktionen waren durchaus positiv. Meine Schwingkollegen interessieren sich für meine Person, da gehört meine sexuelle Orientierung mittlerweile selbstverständlich dazu." Trotzdem ist Curdin nach wie vor der einzige geoutete Schwinger. Nach seinem Coming-out fragten ihn andere Schweizer Spitzensportler um Rat: „Gerade in Sportarten wie Eishockey und Fußball ist Homosexualität noch ein größeres Tabu", hält Curdin fest.

Heute sieht er sich als Teil der LGBTQIA+-Community und setzt sich für mehr Akzeptanz in der Gesellschaft ein: „Ich habe das Schweigen gebrochen und äußere mich öffentlich zu queeren Themen." Curdin bereut sein Coming-out in der Öffentlichkeit nicht: „Endlich kann ich meine Bedürfnisse ernst nehmen und ehrliche Beziehungen führen."

Curdin, was muss sich in der Gesellschaft betreffend Akzeptanz der queeren Community noch tun?

Schön wäre, wenn Coming-outs überflüssig werden. In vielen Sportarten ist Homosexualität nach wie vor supertabu. Ich wünsche mir, dass niemand mehr Angst vor negativen Reaktionen haben muss.

Wie sollten Menschen auf Coming-outs reagieren?

Aus meiner Erfahrung empfinde ich es als wichtig, dass Menschen zuhören und für das Vertrauen dankbar sind. Wer kann, sollte Unterstützung anbieten.

ES WÄRE SCHÖN, WENN COMING-OUTS ÜBERFLÜSSIG WERDEN.

Du hast dich in einer traditionellen Sportart geoutet. Was rätst du Menschen in einem konservativen Umfeld?

Am besten sucht man sich eine Vertrauensperson, mit der man über alles reden kann. Wenn es diese nicht gibt oder man sich vor der Reaktion fürchtet, lohnt es sich, Hilfe in Anspruch zu nehmen, etwa bei einer Beratungsstelle. Auf keinen Fall sollte man das Geheimnis zu lange allein mit sich herumtragen.

Adam (er/ihm): „Ich fühle mich definitiv in meiner Bisexualität wohl"

Adam (32) wird mal als heterosexuell gelesen, mal als schwul: Sein Coming-out als bisexueller Mann überrascht seine Umgebung immer wieder. Heute leben er und seine Partnerin polyamorös.

Als Teenager konsumierte Adam gelegentlich schwule Pornos und machte auch mal mit seinem besten Freund rum. Die gleichgeschlechtliche Anziehung fand er spannend und ordnete sie in seiner katholischen Erziehung als „verbotene Frucht" ein: „Ich fand, mein Interesse am gleichen Geschlecht geht niemandem etwas an." Deshalb blieben diese Erlebnisse erst mal sein Geheimnis.

„Obwohl ich mich für Männer interessierte, fand ich mich bereits als Jugendlicher ständig mit Frauen wieder", erzählt Adam, der zur Hälfte Filipino, zur Hälfte Schweizer ist. Dass er jedoch bisexuell ist, wurde Adam klar, als er in einer Bar auf einen Mann traf, den er sehr attraktiv fand. Dieser schwule Mann flirtete mit Adam, folgte ihm schließlich auf die Toilette und küsste ihn: „In diesem Moment wurde mir klar, dass ich nicht nur auf Frauen, sondern auch auf Männer stehe und dass mein Interesse am gleichen Geschlecht real ist." Seine Erlebnisse und die damit verbundenen Gefühle erzählte er seiner besten Freundin, die entspannt reagierte.

Wenig später starteten diese beste Freundin und Adam eine Affäre. „Mit 19 wurden wir offiziell ein Paar – in einer turbulenten Zeit." Gerade war Adams Vater gestorben, gleichzeitig hatte er sich von seiner ersten festen Beziehung getrennt. „Das Thema Bisexualität hatte ich für einen Augenblick weggelegt und genoss die Zeit mit meiner Freundin."

Doch das Thema ließ Adam nicht los. Als er eines Nachts mit Freund*innen auf einer queeren Party landete, tanzte er eng umschlungen mit einem anderen Mann. „In dieser Zeit habe ich auch hinter dem Rücken meiner Partnerin Gay-Pornos geschaut, was sie irgendwann rauskriegte. Das war nicht einfach für meine Partnerin – und auch nicht für unsere Beziehung. Meine Bisexualität schien unsere Beziehung zu bedrohen. Es folgten schwierige Gespräche und Streit, aber diese Konflikte waren wichtig für uns und die Entwicklung unserer Beziehung."

Mittlerweile war Adam 26. „Damals hatte ich mir eingestanden, dass ich gerne sexuelle Erfahrungen mit Männern machen möchte." Adam und seine Partnerin waren zu diesem Zeitpunkt seit sieben Jahren ein Paar. Zusammen sprachen sie über Adams Wünsche und die Sorgen der Partnerin. Auch eine offene Beziehung wurde ins Auge gefasst. „Außerdem war es mir wichtig, meine Bisexualität nicht mehr zu verheimlichen", sagt Adam. „Deshalb habe ich mich mit Mitte 20 im Freundeskreis und der Familie geoutet."

ES WAR MIR WICHTIG, MEINE BISEXUALITÄT NICHT MEHR ZU VERHEIMLICHEN.

Seine Freund*innen reagierten verständnisvoll und unaufgeregt auf sein Coming-out. Sein Bruder aber war nicht gerade begeistert. Und die Eltern seiner Partnerin hatten Angst, dass er ihre Tochter mit einem Mann betrügen würde und eine Trennung nur eine Frage der Zeit sei. In vielen Gesprächen konnte er ihre Bedenken zumindest ein wenig zerstreuen.

Nach einem offiziellen Coming-out-Post auf Social Media verabschiedete sich Adam für ein paar Monate in die Philippinen. „In dem Land, wo ich geboren wurde, wollte ich eine Studie mit queeren Menschen für meinen Master durchführen." Adams Partnerin und er entschieden, er solle die Zeit nutzen, um in die queere Welt einzutauchen und Erfahrungen mit Männern zu sammeln. „Es war superaufregend – eine Befreiung", erinnert sich Adam. „Das erste Mal im Leben hatte ich lauter queere Freunde, lackierte mir die Fingernägel und ging regelmäßig in Gay-Clubs." Als seine Partnerin ihn auf den Philippinen besuchte, passierte etwas Unerwartetes: In einem Club wird sie von einer Frau angeflirtet, es kommt zum Kuss. „Das war der Dammbruch. Gemeinsam tasteten wir uns an unsere Bedürfnisse ran – vorsichtig und im ständigen Dialog, und beschäftigten uns viel mit Polyamorie."

DER LANGE PROZESS
WAR ES WERT.

Zurück in der Schweiz begannen Adam und seine Partnerin zusammen zu tindern und gemeinsam Männer zu daten. „Das ging ein- bis zweimal ganz gut, dann funktionierte es nicht mehr. Schließlich datete ich auch allein Männer – mit klar vereinbarten Regeln."

Es folgten immer mehr Erfahrungen als bisexueller Mann, bis Adam Ende 20 das Gefühl hatte, als queere Person angekommen zu sein: „Als ich begann, die Dating-App Grindr zu nutzen, das häufig mehr sexuelle Begegnungen verspricht als Tinder, merkte ich, dass ich mich definitiv in meiner Bisexualität wohlfühle." Der lange Prozess war es wert: „Nach wie vor bin ich mit meiner Partnerin zusammen – seit über zwölf Jahren. Ich bin glücklicher und lebe gesünder denn je: Im Lauf der Jahre habe ich über 20 Kilogramm abgenommen."

Adam, wie lebst du heute als bisexueller Mann?

Ich lebe in einer offenen Beziehung mit meiner langjährigen Partnerin. Sie ist polyamorös wie ich und hat seit vier Jahren eine Partnerin. Gerade ziehe ich mit ihr, ihrer Partnerin und meinem besten Freund in eine gemeinsame Wohnung.

Wie fallen die Reaktionen auf dein bisexuelles Coming-out aus?

Immer wieder werde ich nicht ernst genommen beim Coming-out. „Ich dachte, du bist schwul", heißt es da häufig. Viele ältere Menschen auf den Dating-Apps finden mein bisexuelles Coming-out entweder geil („Du bist so speziell!") oder sie finden es seltsam. Ganz anders ist das bei jungen Menschen: Sie gehen viel offener damit um.

Wie erlebst du Bisexualität in der Gesellschaft?

Es fehlt nach wie vor an bisexuellen Vorbildern. Häufig werde ich als schwul, seltener als heterosexuell gelesen. Wenn ich mich als bisexuell oute, sind viele überrascht und verunsichert. Das nervt.

Luan (kein Pronomen): „Endlich bin ich zuhause angekommen"

Luan kommt als intergeschlechtlicher Mensch zur Welt. Der* gebürtig*e Österreicher* erfährt davon aber erst als erwachsene Person.

„Bereits mit acht Jahren las ich im Duden Worte wie ‚schwul', ‚lesbisch', ‚trans' und fühlte mich von der queeren Community angezogen", erzählt Luan mit 45. Luan hat eine tiefe Stimme und einen vollen Bart. Als Kind wurde er* jedoch als Mädchen sozialisiert. „Ich wusste nicht, dass ich intergeschlechtlich bin, auch meine Eltern wussten es nicht."

ICH WUSSTE NICHT, DASS ICH INTERGESCHLECHTLICH BIN, AUCH MEINE ELTERN WUSSTEN ES NICHT.

Unmittelbar nach der Geburt wurde Luans Mutter mitgeteilt, dass prinzipiell alles in Ordnung sei, es müsse nur eine kleine operative Korrektur vorgenommen werden. Dass dies nur die halbe Wahrheit war, wurde Luan erst Jahrzehnte später klar.

Der* Österreicher* startet als Mädchen in die Welt, auch wenn er* sich nie so fühlt. Er wächst relativ „normal" auf, doch die Jugend und das Heranwachsen sind immer wieder geprägt von ärztlichen Behandlungen. „Da ich auf meiner Gebärmutter Wucherungen hatte, folgten diverse Operationen und Hormontherapien", erklärt Luan.

Als junger Mensch in einem liberalen Umfeld hat Luan stets queere Freund*innen. Luan selbst spielt mit den Geschlechterrollen – durch Kleidung und Auftreten. Mit 24 folgt das offizielle lesbische Coming-out: „Ich bin damals in eine Coming-out-Gruppe in Wien gegangen. In der Gruppe hörten wir in uns selbst hinein, bereiteten unser inneres Coming-out vor, sprachen über Ängste und internalisierte Homofeindlichkeit." Schließlich outete sich Luan. Die Reaktionen waren gut – „außer meine ältere Schwester, die brauchte etwas mehr Zeit."

Nach dem Coming-out lebt Luan als Stone Butch weiter – eine Person, die bewusst politisch, aber auch auf der Begehrensebene mit Geschlechterrollen spielt. Die queere Community nimmt mehr Platz in Luans Leben ein. So beginnt er*, Menschen aus dem LGBTQIA+-Spektrum zu beraten. Dabei kommt Luan vermehrt mit trans* Menschen und auch intergeschlechtlichen Personen in Kontakt. „Viele nahmen mich damals als Mann wahr, daher startete ich, mich mit dem Trans*-Begriff auseinanderzusetzen. Richtig damit identifizieren konnte ich mich aber nicht."

Als Luan erneut aufgrund der Wucherungen auf der Gebärmutter operiert wird, bemerkt die Ärztin Narben an seinem Körper. „Nach der OP erklärte mir meine Ärztin, dass ich als neugeborenes Kind eine Genitaloperation gehabt hätte." Weder er* noch seine Eltern waren sich über diesen Eingriff bewusst. „Auf der einen Seite war die Nachricht sehr befreiend – endlich zu wissen, dass ich dementsprechend intergeschlechtlich war –, andererseits verspürte ich Wut und Schmerz. Den Kontakt zu meiner Familie brach ich für ein gutes Jahr ab."

Luan outet sich als intergeschlechtlich und macht selbst in der queeren Community schlechte Erfahrungen. „Mit 36 war ich plötzlich keine ‚Frau' mehr. Für meinen besten schwulen Freund war dies ein Problem." Körperlich folgen für Luan einige Veränderungen. Jahrelang hatte er* weibliche Hormone eingenommen. „Mit dem Wissen, intergeschlechtlich zu sein, hörte ich damit auf und mir wuchs durch mein eigenes Testosteron ein Bart. Außerdem kam ich mit 36 in den Stimmbruch."

Für Luan war sehr schnell klar, dass er* verhindern möchte, dass anderen Menschen dasselbe passiert wie ihm*. Er* beginnt intergeschlechtlichen Aktivismus zu betreiben. „Noch immer gibt es viele Länder, in denen bei der Geburt geschlechtszuweisende Operationen gemacht werden, ohne die Familie zu informieren. Das ist ein klarer Verstoß gegen die Menschenrechte." Als Privatperson ist Luan bei sich angekommen. Es geht ihm* gut. „Gesellschaftlich fühle ich mich weniger wohl. Einerseits geschehen diese Operationen nach wie vor, andererseits ist die Trans*- und Inter-Community immer noch stark diskriminiert. Dies äußert sich etwa in der Ablehnung von gendergerechter Sprache – eine Sprache, die unsere Realität widerspiegelt."

Luan, was wünschst du dir als Inter*-Person in der Gesellschaft?

Ich möchte, dass wir in dieser Gesellschaft die Freiheit haben, selbst über unseren Körper entscheiden zu können. Frei von struktureller und gesellschaftlicher Diskriminierung. Auch möchte ich nicht zur Außenseiterperson werden, weil ich mich als intergeschlechtlich oute. Unsere Gesellschaft soll sich mit unserer diversen Realität abfinden.

Was rätst du Eltern von zukünftigen Kindern?

Es ist wichtig, dass Intergeschlechtlichkeit auch in Geburtsvorbereitungskursen, Hebammenschulen, etc. integriert wird. Dadurch bekommt das Thema eine Normalität. Zukünftige Eltern werden nicht gestresst sein, wenn bei ihrem Nachwuchs intergeschlechtliche Merkmale auftreten. Es entspricht der Realität, dass Menschen als weiblich, männlich und intergeschlechtlich zur Welt kommen.

ICH MÖCHTE, DASS WIR IN DIESER GESELLSCHAFT DIE FREIHEIT HABEN, SELBST ÜBER UNSEREN KÖRPER ENTSCHEIDEN ZU KÖNNEN.

Was wünscht du dir innerhalb der Community?

Wir sollten uns daran erinnern, dass wir alle eine Minderheit sind. Wenn wir uns als ganze Community sehen, können wir gemeinsam viel mehr bewirken.

Henri (er/ihm):
„Der Weg auf den Gipfel des Berges ist beschwerlich"

Der Weg war steinig und schwer: Über 30 Jahre musste Henri seiner wahren Identität nachgehen. Heute steht der trans* Mann als Musiker, Schauspieler und Autor im Rampenlicht.

„Pre-Henri war ich mit Anfang 20 in der Münchner queeren Szene unterwegs, komplett aufgehoben fühlte ich mich dort nie", erzählt Henri, der gerade in den Vorbereitungen für ein Theaterstück in Berlin ist. Henri konnte sich nie mit Frauen identifizieren. Anders zu sein als andere, war für Henri aber nicht neu. Bereits als Teenager hatte er verwirrende Gefühle: „Ich war burschikos unterwegs und viel mehr an Klassenkameradinnen interessiert als an Jungs. Nach der Schule war dann klar, dass ich auf Frauen stehe, und die Gesellschaft nahm mich als Lesbe wahr."

Rückblickend stellt Henri fest, dass er schon immer ahnte, dass etwas im Busch sein könnte. Er hatte sich mädchenhaften Dingen konsequent verweigert. „Mit Anfang 30 las ich dann einen Medienbericht über trans* Menschen und merkte, dass dies mit mir räsonierte. Danach verbrachte ich sehr viel Zeit damit, zum Thema trans* zu recherchieren und lesen." Qualitative Information zu trans* Menschen war vor einigen Jahren noch sehr rar. Henri gibt nicht auf und findet auch auf Instagram und YouTube Menschen mit Vorbildfunktion. „Für eine ganze Weile habe ich Dinge mit mir selbst ausgemacht, ehe ich meiner besten Freundin Christina erzählte, dass ich unter Umständen trans* sein könnte. Sie reagiert ganz entspannt."

MIT ANFANG 30 LAS ICH EINEN MEDIENBERICHT ÜBER TRANS* MENSCHEN UND MERKTE, DASS DIES MIT MIR RÄSONIERTE.

Henri fing an, Christina Videos von trans* Menschen zu schicken, die beiden tauschten sich immer mehr zum Thema aus. Abgesehen davon war Henri ratlos: Wie sage ich es den Leuten? An wen wende ich mich? Was muss ich tun? „Der Weg auf den Gipfel des Berges ist beschwerlich", merkte Henri. „Und ich wusste auch nicht, wie es auf dem Gipfel aussieht." Trotzdem startete Henri seinen Weg in die Transition: Sowohl medizinisch wie bürokratisch wollte er sich dem Geschlecht angleichen, dem er sich zugehörig fühlt. „Ich musste mich mit vielen Gutachten, Arztbesuchen und Therapien herumschlagen. Der ganze Prozess dauerte fast zwei Jahre."

2016 erhielt Henri die erste Hormonspritze, ein paar Monate später hatte er einen Gerichtstermin für die Anpassung der offiziellen Dokumente. „Für mich ist es immer noch ein jubilierender Moment, dass ich in meinem Pass nun mit dem korrekten Geschlecht eingetragen bin. Der Weg dorthin war mit vielen Strapazen verbunden." Halt gaben Henri Freunde. Seine Familie tat sich zu Beginn schwerer mit seiner Identitätsfindung: „Meine Schwester und mein Vater brauchten Zeit, um besser mit meiner Situation umzugehen. Mit meiner Mutter war der Umgang etwas leichter." Mit Ende 30 ist Henri froh, den Weg gegangen zu sein. „Ich feiere es total, dass ich nun als Mann sogar auf der Bühne stehen kann. Auch wenn mich meine Freundin als ‚ihren Freund' vorstellt, freut mich das jedes Mal riesig."

FÜR MICH IST ES IMMER NOCH EIN JUBILIERENDER MOMENT, DASS ICH IN MEINEM PASS NUN MIT DEM KORREKTEN GESCHLECHT EINGETRAGEN BIN.

Henri, wie erlebst du den Alltag als trans* Mann heute?

Von der Außenwelt werde ich als Mann mit tiefer Stimme, Bart etc. wahrgenommen. Daher erlebe ich wenig Diskriminierung im alltäglichen Leben. Das ist ein sehr glücklicher Umstand. Nichtsdestotrotz ist es im Kunstbereich nach wie vor so, dass ich auf mein trans* sein reduziert werde: Bringe ich neue Musik raus oder spiele Theater, wird auch immer noch meine Identität zum Thema.

Unangenehm sind auch Arztbesuche bei Ärzt*innen, die mich nicht kennen. Ich weiß dann nie, was mich erwartet. Leider ist ein großer Teil des Gesundheitspersonals immer noch ungeschult betreffend trans* Menschen.

Warum hast du dich entschieden, öffentlich für trans* Menschen einzustehen?

Das hat sich so ergeben, da ich mich aufrege, wenn Leute Nonsens reden – dann kann ich einfach schlecht still sein. Außerdem bin ich sehr an Fakten interessiert, die in der aktuellen Debatte meiner Meinung nach etwas zu kurz kommen. Ich werde außerdem viel zu trans*-Menschen gefragt: Auch, um die eigene Souveränität zu behalten, gebe ich dann Auskunft.

Was wünschst du dir von deinen Mitmenschen?

Viele Menschen sollten ihren Umgang mit anderen etwas überdenken: Ich würde nie eine halbfremde Person nach ihren Geschlechtsteilen fragen. Wir alle sollten Menschen so behandeln, wie wir selbst auch behandelt werden wollen. Außerdem sollte man nicht unbedingt denjenigen Gehör schenken, die am lautesten schreien, sondern den Menschen, die Ahnung haben, wovon sie sprechen – und sich dabei an Tatsachen halten.

QUEER LEBEN IN UNSERER GESELLSCHAFT

In diesem Kapitel gehen wir das Queersein von der wissenschaftlichen Seite an. Was ist der Unterschied zwischen sexueller Orientierung und Geschlechts-identität, warum ist ein Coming-out so schwierig, wie findest du Unterstützung?

Prof. Dr. Udo Rauchfleisch teilt in einem Interview sein Profi-Wissen, flankiert von Exkursen zur Geschichte der queeren Bewegung und zur Menschenrechtslage von LGBTQIA+.

Neben seiner langjährigen Tätigkeit als inzwischen emeritierter Professor für klinische Psychologie an der Universitätsklinik in Basel hat Udo Rauchfleisch über 40 Jahre unter anderem zum Thema Homosexualität geforscht und publiziert. In diesem Interview gibt er kompetente Antworten auf die wichtigsten Fragen.

Das queere Begriffe-Chaos

„Es ist noch kein Meister vom Himmel gefallen", sagt meine Mutter immer. Das ist auch in der queeren Welt so. Immer wieder höre ich selbst in der Community, wie Begrifflichkeiten falsch verwendet oder Dinge vermischt werden. Nun will ich daraus kein Drama machen, aber wenn du gerade auf der Suche nach deinem Weg bist, macht es durchaus Sinn, mal ein bisschen Ordnung in das queere Begriffe-Chaos zu bringen. Fangen wir mit etwas sehr Grundsätzlichem an: der sexuellen Orientierung.

SEXUELLE ORIENTIERUNGEN
SIND KEINE STARREN SCHUBLADEN,
SONDERN FLEXIBEL.

Udo, was ist sexuelle Orientierung überhaupt?

Wenn wir von sexueller Orientierung sprechen, meinen wir die Ausrichtung von Menschen auf Partner*innen. Wir sprechen von heterosexuellen, bisexuellen und homosexuellen Menschen (schwul und lesbisch). Darüber hinaus gibt es aber auch noch etliche andere sexuelle Orientierungen wie z. B. Asexualität (Abwesenheit sexueller Anziehung gegenüber anderen Menschen, kein Interesse an Sexualität) oder Pansexualität (pansexuelle Menschen richten ihr Begehren auf ganz unterschiedliche Partner*innen, unabhängig vom Geschlecht und von der Identität)

Oft sehen wir die sexuellen Orientierungen wie Kästchen, in die wir uns selbst oder andere Menschen einordnen. Dies ist aber eine sehr statische Sicht. Wenn man sich seiner Identität noch nicht sicher oder noch auf der Suche ist, kann es wichtig sein, sich einer sexuellen Orientierung zuzuordnen.

Tatsächlich ist das reale Leben aber viel flexibler und dynamischer. Nur weil ein Mann einmal eine sexuelle Erfahrung mit einem anderen Mann gemacht hat, ist er nicht gleich schwul. Außerdem existieren innerhalb der Kästchen Spannweiten: Ein bisexueller Mensch, also eine Person, die sich von beiden Geschlechtern sexuell angezogen fühlt, kann seine Bisexualität unterschiedlich ausgeprägt ausleben.

Dies haben wir auch im Storyteil des Buches gesehen: Adam beispielsweise hat erst im Erwachsenenalter seine bisexuelle Seite entdeckt. Auch Janboris entdeckt als erwachsene Person neue Seiten an sich selbst – allerdings geht es bei ihm um die Geschlechtsidentität. Was ist Geschlechtsidentität genau?

Häufig wird sexuelle Orientierung mit der Geschlechtsidentität durcheinandergebracht. Während es bei der Orientierung darum geht, zu welchen Menschen ich mich hinzugezogen fühle, ist die Geschlechtsidentität das innere Empfinden und Wissen, ob ich mich dem Geschlecht zugehörig fühle, das mir bei der Geburt zugewiesen wurde. Ist dem so, ist ein Mensch cisgender. Wurde ich bei Geburt dem männlichen bzw. weiblichen Geschlecht zugewiesen und empfinde mich als Mann bzw. Frau, bin ich ein Cismann bzw. eine Cisfrau.

PERSONEN, DIE SICH AUF DEM SPEKTRUM ZWISCHEN MANN UND FRAU BEWEGEN, SIND GENDERFLUID.

Anders ist es bei transgender oder trans* Menschen: Sie empfinden ihre Geschlechtsidentität anders als das bei der Geburt zugewiesene Geschlecht. Es kann sein, dass sie sich dem anderen Geschlecht zugehörig fühlen oder sich weder männlich noch weiblich fühlen. In dem Fall handelt es sich um non-binäre, auch genderqueer genannte Menschen. Personen, die sich auf dem Spektrum zwischen Mann und Frau bewegen, sind genderfluid.

WAS VERBIRGT SICH HINTER LGBTQIA+?

Die queere Welt wird oft LGBTQIA+-Community genannt. Hinter den einzelnen Buchstaben verbergen sich folgende Wörter:

L = lesbian/lesbisch
G = gay/schwul
B = bisexuell
T = trans*/transgender
Q = queer
I = inter*/intergeschlechtlich
A = asexuell und/oder agender

Lass uns über die verschiedenen Etiketten reden.
Was bedeutet es, lesbisch zu sein, was schwul?

Wenn eine Frau ihr Begehren auf Frauen richtet, ist sie lesbisch. Interessiert sich hingegen ein Mann für das gleiche Geschlecht, ist er schwul. Die Begriffe „lesbisch" und „schwul" unterscheiden Homosexualität nach dem Geschlecht der begehrten Person.

Was bedeutet bisexuell?

Bisexuelle Menschen fühlen sich sexuell und mit ihren romantischen Gefühlen zu beiden Geschlechtern hingezogen: Sie interessieren sich sowohl für Männer als auch für Frauen. Obwohl bisexuelle Personen auch Teil der queeren Community sind, bleiben sie oft unsichtbar: einerseits, weil sie in gegengeschlechtlichen Beziehungen als heterosexuelle Menschen gelesen werden, andererseits, weil ein Coming-out als bisexuelle Person oft auf Vorurteile – auch innerhalb der Community – stößt. Nicht selten wird ihnen vorgeworfen, sie könnten sich nicht festlegen oder seien einfach nur versteckte Schwule bzw. Lesben.

BISEXUELLE MENSCHEN BLEIBEN, OBWOHL SIE TEIL DER QUEEREN COMMUNITY SIND, OFT UNSICHTBAR.

Wie sieht es bei trans* bzw. transgender Personen aus?

Transgender oder trans* Menschen empfinden wie gesagt ihre Geschlechtsidentität anders als das bei der Geburt zugewiesene Geschlecht. Manche nennen sich auch non-binär, transgeschlechtlich, transident oder transsexuell, daher ist es wichtig, Menschen nach der eigenen Selbstbezeichnung zu fragen und diese zu respektieren. Manche trans* Personen möchten geschlechtsangleichende medizinische Maßnahmen oder eine Änderung des Vornamens und Geschlechtseintrags, andere keine oder nur bestimmte medizinische Maßnahmen oder ändern ihren Namen nicht.

WAS HEISST NON-BINÄR?

Die Silbe „bi-" stammt aus dem Lateinischen und bedeutet „zwei-". Sie steht für die zwei Geschlechter weiblich und männlich. Die Geschlechtsidentität von non-binären oder nichtbinären Menschen ist demnach weder das eine noch das andere: Sie nehmen sich nicht als Mann oder Frau wahr, sondern ihre Geschlechtsidentität befindet sich zwischen oder außerhalb des gängigen Zweiersystems.

Dieses Zugehörigkeitsgefühl ist unabhängig davon, wie der Körper der Person aussieht oder welcher Geschlechtseintrag im Ausweis steht. Manche non-binären Menschen empfinden sich als trans*, dies trifft aber nicht auf alle zu.

Wichtig ist, dass die Nutzung der Pronomen bei non-binären Personen unterschiedlich sein kann: Im Englischen haben sich „they/them" durchgesetzt, diese werden teilweise ins Deutsche übernommen. Es gibt aber auch non-binäre Menschen, die weiterhin auf „er/ihm" bzw. „sie/ihr" setzen.

Kommen wir zu dem Begriff „queer".

Das Wort „queer" stammt aus dem englischen und wird häufig für Dinge verwendet, die von der Norm abweichen. Im englischen Sprachraum wurde es als Schimpfwort gegen Menschen verwendet, die von sexuellen und geschlechtlichen Normen abwichen.

In der jüngeren Vergangenheit fand das Wort eine neue positive Verwendung. Es wird als Sammelbezeichnung für alle sexuellen und romantischen Orientierungen sowie Geschlechtsidentitäten verwendet, die nicht der gesellschaftlichen Norm von Geschlecht, Sexualität und Romantik zuzuordnen sind. Das bedeutet, dass auch heterosexuelle Menschen queer sein können, wenn sie z. B. polyamorös leben.

Was hat es mit „inter*" oder „intergeschlechtlich" auf sich?

So werden Menschen mit angeborenen körperlichen Geschlechtsmerk-malen genannt, die nicht den gängigen gesellschaftlichen und medizi-nischen Vorstellungen von männlichen oder weiblichen Körpern entspre-chen. Diese Variationen der Geschlechtsmerkmale können anatomisch, chromosomal oder hormonell sein. Die Körper von inter* Menschen sind sehr unterschiedlich.

Da bei der Geburt einem Menschen ein Geschlecht zugeordnet wird, ent-steht daraus für intergeschlechtliche Personen eine schwierige Situation für die Eltern: Sie werden häufig gezwungen, innerhalb kurzer Zeit zu entscheiden, welchem Geschlecht ihr Kind zugewiesen wird.

DIE KÖRPER VON INTER* MENSCHEN SIND SEHR UNTERSCHIEDLICH.

Dank diverser Bestrebungen von Organisationen und Politiker*innen ist es in Deutschland mittlerweile möglich, die Geschlechtszugehörigkeit „divers" einzutragen. In Österreich heißt der Eintrag „inter". In der Schweiz ist aktuell (Stand 2023) ein dritter Eintrag außer „männlich" oder „weiblich" nicht möglich.

Und was verbirgt sich hinter dem „A"?

Es kann zwei Bedeutungen haben, asexuell und agender. Asexuelle Menschen haben wenig oder kein Bedürfnis, Sexualität mit anderen Menschen auszuleben. Aromantische Menschen empfinden keine romantische Anziehung zu anderen Menschen und/oder haben kein Verlangen nach romantischen Beziehungen. Mit agender bezeichnen sich Personen, die sich gar keinem Geschlecht zugehörig fühlen.

Folgt noch das Pluszeichen oder Sternchen, das alles auf dem Spektrum von Sexualität und Geschlecht umfasst, was sich (noch) nicht durch Buchstaben oder Worte erklären lässt. Aber ein Buchstabe findet sich noch nicht in der gängigen LGBTQIA+-Abkürzung: das P für pansexuell. Was ist das?

Pansexuelle Menschen interessieren sich nicht für das Geschlecht einer Person, sondern lediglich für die Persönlichkeit selber. Sie können sich Beziehungen mit Männern, Frauen und trans* Menschen, binär oder non-binär, vorstellen.

BIS DU VOLL UND GANZ ZU DEINEN
GEFÜHLEN STEHEN KANNST,
DURCHLÄUFST DU EINEN MEHR
ODER WENIGER LANGEN WEG.

WAS BEDEUTET DIE REGENBOGENFAHNE?

Auf Pride-Demos, als Aufkleber oder auf Fußballtrikots: Die Regenbogenfahne ist das Symbol der LGBTQIA+-Bewegung und mittlerweile immer sichtbarer – so wie die Community selbst.

Die allererste Regenbogenfahne wurde 1978 in den USA entworfen: Der Künstler Gilbert Baker hatte sie in San Francisco für die Pride als Zeichen der queeren Community geschaffen. Ursprünglich mit acht Farben versehen, wurden 1979 die Farben Pink und Türkis aus Produktionsgründen aus dem Design entfernt. Geblieben sind Rot, Orange, Gelb, Grün, Blau und Violett.

Neuere Designs der Regenbogenfahne beinhalten Schwarz und Braun für BIPoC, Weiß-Pink-Blau für trans* Personen und einen lila Kreis auf gelbem Grund für inter* – das gesamte queere Spektrum an Menschen.

Als ich mich als Teenager mit dem Begriff „sexuelle Orientierung" auseinandersetzte, fand ich dies sehr verwirrend: Schließlich wünschte ich mir ja nicht nur Sex mit dem gleichen Geschlecht, sondern vor allem Liebe, Nähe, Geborgenheit. Was bedeutet es für meine Gefühle, wenn ich nicht heterosexuell oder cisgender bin?

Alle Menschen kennen Gefühle wie Freude, Lust, Unlust, Wut, Schmerz etc. Sie gehören zu unserem Leben dazu. Tatsächlich ist es aber so, dass wir in einer cis-heteronormativen Welt aufwachsen. Menschen, die das andere Geschlecht begehren und sich mit dem bei der Geburt zugewiesenen Geschlecht identifizieren, entsprechen der Norm. Dies wird uns von Geburt an durch unser Umfeld vermittelt und wird auch von allen, die in unserer Gesellschaft aufwachsen, verinnerlicht. Unsere Nachbarn, Verwandtschaft, Lehrpersonen etc. – die meisten Menschen in unserem Umfeld sind heterosexuell und cis.

Wenn du merkst, dass dies auf dich selbst nicht zutrifft, sorgt dies zunächst einmal für Beunruhigung: „Ich bin anders als die Mehrheit." Ich stellte mir Fragen wie: „Bin ich krank? Bin ich sündig? Kann ich ein erfülltes Leben führen?" Da kommen auch viele negative Gefühle hoch. Bis ein Mensch, der nicht der Mehrheit entspricht, voll und ganz zu seinen Gefühlen stehen kann, durchläuft er einen mehr oder weniger langen Weg.

LEIDER DAUERT ES SEINE ZEIT, BIS QUEERE MENSCHEN VOLL UND GANZ ZU IHREN GEFÜHLEN STEHEN KÖNNEN.

Häufig wird über queere Menschen hergezogen. Als Kind hörte ich, wie Erwachsene die Begriffe „Schwuchtel", „Mehrfachstecker" oder „Kampflesbe" benutzten. „Schwul" und „lesbisch" sind heute oft immer noch Schimpfworte. Warum?

Erwachsene, die „schwul" und „lesbisch" als Schimpfwort benutzen, wollen Menschen abwerten, die nicht ihrer klassischen männlichen bzw. weiblichen Rollenvorstellung entsprechen. In den Köpfen vieler Menschen muss ein Mann bzw. eine Frau gewisse Attribute besitzen, um dem von der Gesellschaft erwarteten Bild gerecht zu werden, also das zu sein, was wir eben für einen „Mann" oder eine „Frau" halten.

Kinder, die „lesbisch" und „schwul" auf dem Schulhof als Schimpfwort verwenden, sind sich der Bedeutung der Wörter oft nicht bewusst, aber sie benutzen die Wörter als Kraftausdruck, weil sie wissen, dass sie damit ihr Gegenüber verletzen können.

Das nennt man dann Homo- bzw. Transfeindlichkeit?

Ja. Lange wurde dafür der Begriff Homo- bzw. Transphobie verwendet. Dieser Begriff ist jedoch falsch, da es sich nicht um eine Phobie, also eine Angst vor etwas handelt, sondern um Feindseligkeit Menschen gegenüber, die nicht der Norm entsprechen. Es handelt sich um einen Akt der Gewalt, um Diskriminierung und Ausgrenzung von queeren Menschen.

Es gibt auch den Begriff der Homo- bzw. Transnegativität. Er signalisiert, dass diese Feindseligkeit kein individuelles Problem ist, sondern das Resultat der Cis-Heteronormativität in unserer Gesellschaft.

Leider werden queere Menschen nach wie vor immer wieder auch Opfer von körperlicher Gewalt. Wenn das passiert, melde den Vorfall unbedingt der Polizei und suche dir Hilfe bei Beratungsstellen. Adressen findest du im Anhang des Buches.

„Warum bin ich nicht wie alle anderen?", fragte ich vor meinem Coming-out immer wieder. War Heterosexualität immer die Norm?

Heterosexuelle und Cis-Menschen sind und waren schon immer in der Mehrzahl. Daher ist unsere Gesellschaft auch so geprägt. Allerdings ist unser Zwei-Geschlechter-Modell ein Phänomen der Neuzeit. Es gab immer auch Kulturen, in denen ein Leben als queere Person durchaus möglich war. Am wichtigsten ist jedoch festzuhalten: Queere Menschen gab es schon immer und überall. Je nach den sozialen, kulturellen und religiösen Gegebenheiten waren sie mal mehr, mal weniger sichtbar.

QUEERE MENSCHEN GAB ES SCHON IMMER UND ÜBERALL.

Wie finde ich heraus, wer oder was ich bin?

Am besten, du hörst und spürst in dich hinein, ganz ohne die Vorbehalte aus der Gesellschaft, ohne Selbst- und Fremdkritik. Was ist es, was ich erlebe? Empfinde ich Gefühle für das gleiche Geschlecht? Fühle ich mich wohl in dem Geschlecht, dem ich bei Geburt zugewiesen wurde?

Wichtig ist dabei zu wissen, dass du dich nicht gleich festlegen musst. Du kannst ausprobieren. Mit der Zeit merkst du dann, was für dich stimmig ist und was nicht. Auf der Suche nach dir selbst helfen auch Gespräche mit anderen Personen, seien es Vertraute oder zunächst einmal Fachleute in Beratungsstellen.

DIE GESCHICHTE DER QUEEREN BEWEGUNG

Das „Forum Queeres Archiv München e. V. –
LesBiSchwulTransInter* in Geschichte und Kultur"
wurde 1999 gegründet.
Der Verein (www.forummuenchen.org) sammelt
Zeugnisse zu Alltag, Kultur und Geschichte von
LGBTIQ*-Personen, veröffentlicht Forschungs-
ergebnisse, bietet Stadt- und Archivführungen
und ist Kooperationspartner für Institutionen,
Organisationen und Museen.

Der folgende Beitrag zur LGBTIQ*-Geschichte
stammt von Linda Strehl. Sie ist seit 2012 im Forum
tätig und seit 2021 im Vorstand des Vereins.

Es begann mit einem Paukenschlag: Am 29. August 1867 hielt der Jurist Karl Heinrich Ulrichs auf dem Deutschen Juristentag in München eine Rede, in der er Straffreiheit für einvernehmlichen Sex zwischen Männern forderte. Er wurde ausgebuht und musste seine als skandalös empfundene Rede abbrechen. Vier Jahre später, mit der Gründung des Deutschen Reiches 1871, wurde der berüchtigte § 175 ins Strafgesetzbuch aufgenommen, der homosexuelle Handlungen unter Männern unter Strafe stellte. Bis 1994 blieb dieser Paragraf in immer wieder veränderter Form in Kraft und brachte größtes Leid über unzählige Männer – allein wegen ihrer sexuellen Orientierung oder Identität.

Frauen konnten ihre Sexualität, wenn sie nicht der Norm entsprach, ebenfalls schwer ausleben. Sex zwischen Frauen stand zwar nicht unter Strafe, aber ein Leben als alleinstehende berufstätige Frau war in jenen Zeiten undenkbar. Die erste Frauenbewegung, die bereits im 19. Jahrhundert gegen die Unterdrückung von Frauen gekämpft und erste Erfolge errungen hatte, ebnete auch lesbischen Frauen Wege, wirtschaftlich auf eigenen Füßen zu stehen, die Voraussetzung für ein unabhängiges Leben.

Nach dem Ende des Ersten Weltkriegs 1918 wurde vor allem Berlin eine Hochburg der sexuellen Emanzipation. In den 1920er Jahren konnten Frauen endlich ihr eigenes Geld verdienen und unabhängig leben, die Großstadt bot Schutz und Tarnung für Schwule, Lesben und Transpersonen. Allein für Lesben sollen Mitte der Zwanziger an die 80 Bars und Clubs existiert haben; es gab Tanzabende, Vorträge, Wandergruppen und sogar Zeitschriften für Schwule und Lesben, beispielsweise seit 1924 „Die Freundin", in der die Leserin Veranstaltungshinweise, Literaturtipps, Erzählungen und auch Kleinanzeigen fand – was besonders wichtig war, um Gleichgesinnte auch außerhalb der Großstadt kennenzulernen.

1933 wurden diese Jahre der relativ großen Möglichkeiten mit der Machtübernahme durch die Nationalsozialisten brutal beendet. Frauen wurden zurück an den Herd und ins Mutterdasein gedrängt, Homosexualität dämonisiert und der § 175 verschärft. Alle Emanzipationsbestrebungen wurden im Keim erstickt, keine offenen Treffen waren möglich. Auch wenn Sex zwischen Frauen nicht unter Strafe stand, kamen auch Lesben ins KZ, wurden schikaniert und erfuhren unendliches Leid. Zwischen 10.000 und 15.000 schwule Männer wurden inhaftiert, Tausende überlebten die schweren Haftbedingungen nicht oder wurden ermordet.

Nach dem Ende des Dritten Reiches 1945 blieb der § 175 in der verschärften Fassung in Kraft und brachte weiterhin Tausenden Männern Haftstrafen, Stigmatisierung und den sozialen Tod. Die 1950er Jahre waren eine Zeit des Versteckens und des konservativen Backlashs. Zeitschriften durften nicht erscheinen, Solidarisierung und Austausch war kaum möglich, positive Vorbilder gab es keine. Eine Frau ohne Mann wurde scheel angesehen, und es sollte bis weit in die 1960er Jahre dauern, bis sich Schwule und Lesben wieder ans Licht wagten. Einzelne Mutige in der Schweiz schlossen sich zusammen und publizierten von 1943 bis 1967 in Österreich die Zeitschrift „Der Kreis", ein europaweit führendes Medium und Sprachrohr.

Der Wendepunkt in Deutschland kam 1969 mit der Entschärfung des § 175. Nun konnten Publikationen erscheinen, Emanzipationsgruppen gründeten sich und schwule Männer forderten ihr Recht, unterstützt von dem Film „Nicht der Homosexuelle ist pervers, sondern die Situation, in der er lebt" von Rosa von Praunheim. Die 68er-Bewegung wehte frischen Wind in die verstaubte Bundesrepublik, die zweite Frauenbewegung brachte Frauen und Lesben auf die Straße, wo sie sich lautstark für Selbstbestimmung, Abtreibungsrechte und Emanzipation einsetzten. Im Zuge der Bürgerrechtsbewegungen herrschte allgemeine Aufbruchstimmung, gesellschaftliche Veränderung schien endlich möglich.

Parallel gab es 1969 in den USA mit den „Stonewall Riots", benannt nach einer Bar in der Christopher Street in New York, einen ersten Befreiungsschlag der queeren Szene, die nicht länger polizeiliche Repressalien hinnehmen wollte. In Deutschland dauerte es noch bis 1979, bis in Berlin und Stuttgart die ersten Demonstrationen stattfanden. Männer und Frauen zogen still durch die Straßen, nur einige Transparente wurden getragen, und viele Teilnehmende vermummten sich aus Angst, erkannt zu werden. Es war viel verdeckte Polizei unterwegs, wie überhaupt Aktionen von Homosexuellen, z. B. Infostände in der Münchner Fußgängerzone, oft von der Polizei observiert wurden. Als sich in den 1980er Jahren das HIV-Virus ausbreitete, herrschte vor allem in Bayern eine repressive AIDS-Politik, die homosexuelle Männer erneut stigmatisierte.

Es ist kaum mehr vorstellbar, welchen Mut es unter all diesen Umständen erfordert haben muss, sich als schwul oder lesbisch in der Öffentlichkeit zu zeigen und zu riskieren, sich Unverständnis und Anfeindungen auszusetzen, Freunde und Freundinnen zu verlieren und möglicherweise sogar am Arbeitsplatz gekündigt zu werden. Heute sind CSDs und Pride Weeks von lautem Trubel, bunten Lastwagen, tanzenden Menschen und wohlwollendem Publikum geprägt; an wenigen Tagen im Jahr dürfen sich alle zeigen, wie sie sind und sein möchten. Dass das möglich ist, haben wir den Menschen zu verdanken, die sich damals als erste mutig für Akzeptanz, Sichtbarkeit und gleiche Rechte stark gemacht haben. Es sind Rechte, die hart erkämpft wurden und heute leider immer noch nicht für alle Menschen selbstverständlich sind.

Erst 1994 wurde der § 175 aufgehoben, erst 2002 wurden die homosexuellen Männer rehabilitiert, die von den Nationalsozialisten verurteilt wurden, und erst 2017 die in der Bundesrepublik Verurteilten (in der DDR waren homosexuelle Handlungen unter Männern übrigens bereits seit 1957 faktisch straffrei). Die „Ehe für alle", ein Meilenstein im Kampf um gleiche Rechte, kam gegen großen Widerstand in Deutschland am 1. Oktober 2017, in Österreich am 1. Januar 2019. Doch Kinder in Regenbogenfamilien werden weiterhin rechtlich diskriminiert, und das von 1981 stammende Transsexuellengesetz, um dessen Änderung seit Jahren gerungen wird, ist verfassungswidrig und gegen die Menschenwürde.

Es bleibt also noch viel zu tun, und auch heute noch braucht es Courage, zu sich selbst zu stehen. Doch die Erfolge, die unsere Vorkämpfer*innen gegen große Widerstände erreicht haben, machen Mut. Heute bist du nicht mehr allein. Hol dir alle Unterstützung, die du verdient hast!

Was ist der Unterschied zwischen einem Coming-out
und einem Outing?

Ein Coming-out ist der selbstgewählte Moment, in dem du akzeptierst und offenbarst, dass du nicht heterosexuell oder cisgender bist. Dabei gibt es einen Unterschied zwischen innerem und äußerem Coming-out: Im Verlauf des inneren Coming-out wirst du dir klar darüber, wie du dich definierst, etwa als schwul, lesbisch oder trans*. Beim äußeren Coming-out teilst du der Außenwelt mit, wie du dich definierst. Ein Outing hingegen ist, wenn eine Person gegen ihren eigenen Willen von anderen geoutet wird. Immer öfter wird der Begriff Outing allerdings auch als Synonym für Coming-out benutzt.

EIN COMING-OUT IST DER SELBST-GEWÄHLTE MOMENT, IN DEM DU DICH AKZEPTIERST UND OFFENBARST.

Zwei wichtige Punkte: Niemand hat das Recht, andere Menschen zu outen. Und: Ein Coming-out ist nie abgeschlossen. Es gibt im Leben immer wieder Momente, in denen man sich outet. So ist es beispielsweise ein Coming-out, wenn ich mit meinem Partner zu einem Abendessen bei neuen Freunden gehe oder mich mit ihm in der Öffentlichkeit zeige. Denn die Wahrscheinlichkeit ist groß, dass andere Menschen mich aufgrund unserer heteronormativen Gesellschaft als heterosexuell betrachten. Man nennt das „heterosexuelle Vorannahme". Erst durch das Auftreten mit meinem Mann erweist sich diese Vorannahme als falsch.

Ich selbst habe mich mit 21 Jahren geoutet.
Gefühlt habe ich mich jahrelang darauf vorbereitet und
persönlich denke ich mir heute: „Wäre ich doch schon früher
mutig gewesen!" Wann ist der richtige Zeitpunkt für
ein Coming-out?

Es gibt keine Regel dafür, wann du dich outen solltest. Vielmehr wirst du Momente erleben, in denen du merkst, dass du dich outen willst: Vielleicht wird es dir leid, bei der Arbeit ein Geheimnis daraus zu machen. Oder du möchtest, dass deine Familie deine Partner*in kennenlernt. Jede Person muss aber selber wissen, wann er bzw. sie sich reif und stark genug dazu fühlt. Denn ein Coming-out braucht Kraft, es führt aber auch zu einer großen Befreiung.

EIN COMING-OUT BRAUCHT KRAFT, FÜHRT ABER AUCH ZU EINER GROSSEN BEFREIUNG.

Es macht Sinn, mit dem Coming-out bei einer Vertrauensperson im Freundeskreis oder in der Familie zu beginnen. Danach kannst du den Kreis schrittweise vergrößern. Auch Beratungsstellen können ein erster Schritt sein, um mehr Rückhalt für dein Vorhaben zu bekommen. Was ich gerne betone: Es ist besser, ein Coming-out zu wagen, als permanent ungeoutet zu bleiben und seine wahre Identität ständig zu verheimlichen und zu unterdrücken.

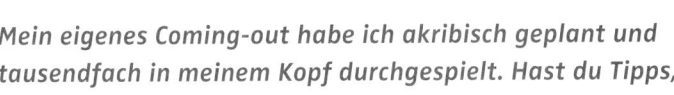

Mein eigenes Coming-out habe ich akribisch geplant und tausendfach in meinem Kopf durchgespielt. Hast du Tipps, wie man am besten vorgeht?

Erst einmal kannst du dich im Internet oder in sozialen Medien informieren, es gibt Bücher und Broschüren. Die queere Community bietet z. B. in den LGBTQIA+-Zentren Coming-out-Gruppen, wo du dich mit anderen austauschen und aus ihren Erfahrungen lernen kannst.

Nach dem Informieren kann man sich eine Strategie zurechtlegen, wie man die Personen, denen gegenüber man sich outen möchte, langsam an das Thema heranführt: So kannst du ein queeres Buch absichtlich auf dem Tisch liegen lassen, beim Fernsehschauen einen queeren Film vorschlagen oder von Personen aus der Community erzählen und schauen, wie dein Gegenüber darauf reagiert.

In der Vorbereitung auf dein Coming-out solltest du dir klarmachen, dass viele Emotionen im Spiel sind: bei dir selbst, aber auch bei deinem Gegenüber. Eine Person kann sich über dein Coming-out freuen und dich direkt umarmen. Vielleicht reagiert diese Person aber auch ängstlich oder ablehnend. Sie ist vielleicht schockiert und äußert das. Wichtig ist, dass du dich in einem solchen Moment daran erinnerst, dass diese Situation – z. B. der Konflikt – nicht immer so bleibt. Oft brauchen Angehörige und Freund*innen Zeit, bis sie sich an den Gedanken gewöhnt haben, dass du schwul, lesbisch oder trans* bist.

Am besten du startest mit einer Person, bei der du das Gefühl hast, es wird leicht über die Bühne gehen. Und schlussendlich solltest du auch einfach mal ins kalte Wasser springen. Außerdem wird das Coming-out einfacher, je öfter du mit anderen offen über deine sexuelle Orientierung oder Geschlechtsidentität sprichst. Oft sind die Befürchtungen, die man vor dem Coming-out hatte, völlig grundlos gewesen.

OFT SIND DIE REAKTIONEN IM EIGENEN UMFELD POSITIVER ALS ERWARTET.

Stimmt, das habe ich auch schon erlebt. Kurz nach meinem ersten Coming-out outete ich mich im Urlaub einmal bei zwei Brasilianerinnen. Sie reagierten gar nicht auf meine Offenbarung. Heute ist mir klar, dass für die beiden mein Coming-out gar nichts Überraschendes war und sie deshalb nicht weiter darauf eingegangen sind. Kann ein Coming-out auch schiefgehen?

Oft sind die Reaktionen im eigenen Umfeld positiver als erwartet. Viele Beziehungen werden intensiver und besser, denn wenn du etwas, das für dich zu deinem innersten Kern gehört, mitteilst, dann offenbarst du etwas sehr Persönliches. Viele Menschen sehen dies als Vertrauensbeweis und erzählen dann selber Dinge, die sie dir vielleicht sonst nicht mitgeteilt hätten. Ein Coming-out kann dadurch eine neue Nähe schaffen.

Es zählt aber immer der Zusammenhang bzw. der Einzelfall. Ein Coming-out kann auch negative Reaktionen auslösen. Wer z. B. in einer katholischen Institution arbeitet, muss unter Umständen mit einer Kündigung rechnen. Ein Coming-out kann bei deinem Gegenüber zu Verwirrung führen, für Freude sorgen, Neugier wecken oder Ablehnung hervorrufen. Oft sind Angehörige und Freund*innen mit dem Coming-out eines ihnen nahestehenden Menschen auch erst einmal überfordert.

Eltern fragen sich, ob sie etwas in der Erziehung falsch gemacht haben – was völliger Unsinn ist, denn man kann niemanden durch Erziehung lesbisch, schwul oder trans* machen. Und Freund*innen wundern sich vielleicht, warum sie nie etwas gemerkt haben. Personen, die von deiner sexuellen Orientierung oder Geschlechtsidentität erfahren, machen sich beispielsweise Sorgen, wie das Coming-out eure Beziehung beeinflussen wird.

So wie du selbst im Verlauf des Coming-out einen Prozess durchläufst, bis du offen mit anderen darüber sprichst, durchlaufen auch die Menschen, die davon erfahren, einen Prozess. Gib deinem Gegenüber Zeit, dein Coming-out zu verarbeiten. Sollte sich die Beziehung mittel- und langfristig verschlechtern oder sogar der Kontakt abreißen, ist es wichtig, trotz der Trauer darüber einzusehen, dass eine Beziehung zu einer Person, die dich nicht als das akzeptiert, was du bist, keinen Sinn macht. Denn dieser Mensch kann mit deiner Identität offenbar nicht umgehen.

BRICH BEZIEHUNGEN AB, WENN DU NICHT ALS DAS AKZEPTIERT WIRST, WAS DU BIST.

EIN COMING-OUT ...

- bedeutet meistens eine große Befreiung.
- trägt dazu bei, deine Identität zu finden.
- hilft deinem Umfeld, dich nun authentisch zu erleben.
- kann leider auch negative Konsequenzen haben. Doch mach dir bewusst, dass sich dies im Lauf der Zeit auch wieder ändern kann!
- ermutigt andere ungeoutete Menschen, zu sich zu stehen und ihre Identität nicht zu unterdrücken und zu verheimlichen.

Viele Menschen gehen immer noch von dem Klischee aus, dass in schwulen Beziehungen eine Person die Rolle der Frau übernimmt oder in lesbischen Beziehungen eine Frau die Rolle des Mannes. Was ist da dran?

Zuallererst: Queere Menschen leben sexuelle Beziehungen wie alle anderen Menschen auch. Das genannte Klischee ist Unsinn und kommt daher, dass unsere Gesellschaft heteronormativ geprägt ist. Viele Menschen denken in den Gegensätzen männlich – weiblich, aktiv – passiv, top – bottom und können sich nichts anderes vorstellen.

Dass ein Mensch einen anderen Menschen begehrt, ist ein ursprünglicher Trieb. Wie Sexualität dann gelebt wird, ist allerdings ein Lernprozess. Ist ein Mensch grundsätzlich offen dafür, neue sexuelle Erfahrungen zu machen, wird er merken, dass sowohl aktive als auch passive, dominante wie devote Verhaltensweisen Aspekte eines erfüllenden Sexuallebens sind.

Vielen Menschen fehlt die Erfahrung im Umgang mit ihrer Sexualität. Wie gesagt wurden viele Einstellungen erlernt, aber das heißt nicht, dass man das nicht ändern kann. Die Realität ist, dass das Leben deutlich weniger in Polaritäten gesehen werden kann und gerade Sexualität viele verschiedene Facetten hat. Mein Rat ist, sich einfach auszuprobieren.

Und eigentlich ist es ganz einfach: Queere Menschen leben sexuelle Beziehungen wie alle anderen Menschen auch. Wichtig dabei ist, dass die beiden daran beteiligten Personen Sex als lustvoll erleben und der Sex einvernehmlich ist.

SEXUALITÄT HAT VIELE FACETTEN – PROBIER DICH EINFACH AUS!

Sind queere Beziehungen anders?

Beziehungen queerer Menschen sind häufig individueller und reflektierter als heterosexuelle Beziehungen. Während sich heterosexuelle Menschen häufig in den Bahnen und Vorstellungen der Gesellschaft bewegen und konventionelle Beziehungsansichten übernehmen (die Mutter versorgt die Kinder, der Vater arbeitet), sind queere Menschen von Beginn an gezwungen, ihre eigenen Leitplanken zu definieren.

Studien zeigen, dass gleichgeschlechtliche Beziehungen eher eine gleich-berechtigte Rollenverteilung aufweisen. Zwar hat sich in den Beziehungen zwischen Mann und Frau bei uns schon sehr viel verändert, die Rollen sind durchlässiger geworden, tatsächlich aber werden viele Mädchen nach wie vor anders sozialisiert als Jungs und umgekehrt. Dies führt auch dazu, dass Männer tendenziell immer noch weniger ihre Gefühle kommunizieren als Frauen.

Dies gilt mehr oder weniger auch für schwule Beziehungen, sodass Probleme häufig nicht angesprochen werden. Lesbische Paare hingegen reden und kommunizieren, wie heterosexuelle Frauen, in stärkerem Maße. Wichtig ist aber immer, sich darüber klar zu sein, dass auch dies ein Klischee ist und nicht auf alle Menschen zutrifft.

EIN COMING-OUT KANN EIN BEFREIUNGSSCHLAG SEIN.

Sind queere Menschen vermehrt von psychischen Problemen betroffen?

Queere Menschen, und zwar speziell Jugendliche, leiden in einem größeren Maße als cis-heterosexuelle Personen an psychischen Problemen. Dies ist durch ihre Lebensumstände bedingt: Das Verheimlichen der eigenen sexuellen Orientierung oder Geschlechtsidentität, Selbstablehnung oder Diskriminierung kann zu Angststörungen, Depressionen, Alkohol- und Drogenproblemen oder sogar Suizid führen. Dies zeigt, dass das Leben als queere Person in unserer Gesellschaft trotz größerer Toleranz – ich würde nicht unbedingt von Akzeptanz sprechen – nach wie vor schwierig ist.

DEINE GESUNDHEIT – AIDS & CO.

Geschlechtskrankheiten können bei allen Menschen, egal ob queer oder nicht, vermehrt auftreten, wenn sie Sex mit unterschiedlichen Partner*innen pflegen, vor allem wenn dies auch anonyme Kontakte und ständig wechselnde Personen sind. Du kannst dich jedoch immer schützen, z. B. mit Kondomen oder Lecktüchern. Informationen über Safer Sex erhältst du etwa bei den AIDS-Hilfen, z. B. unter www.aidshilfe.de.

AIDS galt lange Zeit als „Schwulenkrankheit" – was nicht (mehr) stimmt. In England wurden 2022 sogar mehr heterosexuelle Menschen mit HIV infiziert als homosexuelle. Dennoch werden HIV-positive Menschen sogar in der queeren Community nach wie vor stigmatisiert. Und dies, obwohl heutzutage die medikamentöse Behandlung so weit fortgeschritten ist, dass bei in Behandlung stehenden Menschen das Virus im Blut nicht einmal mehr nachgewiesen werden kann. Auch ist das vor HIV schützende Medikament PrEP in immer mehr Ländern Usus und wird beispielsweise in Deutschland sogar von gesetzlichen Krankenkassen übernommen. Und Kondome schützen vor einer HIV-Ansteckung.

Dennoch: Wer sich als HIV-positiv outet, nimmt ein weiteres Coming-out auf sich, das viele Vorurteile und eben auch Stigmatisierung mit sich bringen kann. Beispielsweise dürfen erst seit März 2023 Männer, die Sex mit Männern haben, nicht mehr pauschal vom Blutspenden ausgeschlossen werden.

In dieser Situation ist das Coming-out ein Befreiungsschlag und hilft, Probleme wie Selbstablehnung und Verheimlichung der eigenen sexuellen Orientierung oder Identität zu beenden und die damit verbundenen Folgen zu verringern oder sogar total abzubauen.

DIE ERZIEHUNG HAT KEINEN EINFLUSS AUF DIE SEXUELLE ORIENTIERUNG UND GESCHLECHTSIDENTITÄT VON MENSCHEN.

Wird man queer oder ist es angeboren?

Auch heute ist die Mehrheit der Gesellschaft heterosexuell. Daher liegt es nahe, dass man sich beim Gewahrwerden, dass man nicht der Mehrheitsgesellschaft entspricht, die Frage stellt, warum man „anders" ist. Das ist logisch: Generell kommt die Frage nach dem Warum immer dann, wenn etwas außergewöhnlich ist.

Sich den Kopf darüber zu zerbrechen, warum man nicht heterosexuell ist, macht aber letztlich keinen Sinn. Du fragst dich auch nicht ständig, warum du blaue Augen hast und die andere Person nicht. Oder warum jemand anderes schneller rennt als du. Niemand weiß, wie es zur Ausbildung einer homo- oder bisexuellen Orientierung oder zu einer trans* Entwicklung kommt – übrigens ebenso wenig wie wir wissen, wie die Cis-Identität und die Heterosexualität entstehen. Da diese Identität und diese sexuelle Orientierung der Mehrheit entsprechen, wird hier jedoch die Frage nach dem Warum nicht gestellt.

Auf die Frage gibt es also aus wissenschaftlicher Sicht keine klare Antwort. Daher wird nach wie vor intensiv diskutiert, ob queere Menschen so auf die Welt kommen, ob es durch die Gesellschaft beeinflusst wird oder ob beides hineinspielt. Sicher bringen queere Menschen, wie alle anderen auch, genetisch eine Disposition für ihre sexuelle Orientierung und Geschlechtsidentität mit. Ob und in welcher Art die Orientierungen und Identitäten gelebt werden können, hängt dann allerdings von den sozialen Bedingungen ab, unter denen die Menschen leben.

Auch Eltern müssen sich keine Vorwürfe machen, sie hätten in der Beziehung etwas falsch gemacht und das habe zur Homosexualität oder Transidentität geführt. Die Erziehung hat keinen Einfluss auf die sexuelle Orientierung und Geschlechtsidentität von Menschen.

Der einzige Einfluss, den Eltern haben, ist der, welche Modelle sie ihrem Kind vom Umgang mit queeren Menschen und Angehörigen anderer Minderheiten präsentieren: Wird im Elternhaus negativ über queere Themen gesprochen, kann es ein Kind verunsichern, falls es selbst spürt, queer zu sein.

REGENBOGENFAMILIEN

Queere Menschen können genauso wie heterosexuelle Personen Kinder haben und mit ihnen in sogenannten Regenbogenfamilien leben. Die Kinder können aus früheren heterosexuellen Beziehungen stammen. Lesbische Paare können Kinder über Samenspenden bekommen. Schwule können sich beispielsweise mit einem Lesbenpaar zusammentun und gemeinsame Kinder haben. Außerdem besteht für schwule Paare die Möglichkeit, ein Kind zu adoptieren oder es über eine Leihmutterschaft zu bekommen (die Leihmutterschaft ist jedoch in den deutschsprachigen Ländern generell verboten und daher nur mit einer Frau aus anderen Ländern möglich).

Die Konstellationen sind so vielfältig wie die Menschen, die sich dafür entscheiden, ganz ähnlich wie bei heterosexuellen Patchworkfamilien.

Sind Kinder in Regenbogenfamilien glücklich?

Immer wieder wird angezweifelt, ob Kinder in Regenbogenfamilien genauso glücklich sind wie im herkömmlichen Vater-Mutter-Kind-Modell: Die Situation von alleinerziehenden Menschen zeigt aber, dass es nicht zwingend einen Mann und eine Frau in einer Familie braucht. So gibt es etwa auch in einer Regenbogenfamilie mit einem Frauenpaar Nachbarn, Brüder oder Freunde, die männliche Vorbilder für die Kinder in die Familie bringen.

KINDER IN REGENBOGENFAMILIEN ENTWICKELN SICH NICHT ANDERS ALS KINDER HETEROSEXUELLER PAARE.

Damit sich ein Kind gut entwickeln kann, ist nicht das Geschlecht der Eltern wichtig, sondern, dass sie (egal ob es eine oder zwei Personen sind) dem Kind nahestehen und emotionale Sicherheit und Verbindlichkeit garantieren.

Wissenschaftliche Studien mit Regenbogenfamilien zeigen, dass sich Kinder in diesen Familien nicht anders entwickeln als Kinder heterosexueller Paare. Dazu kommt, dass die Kinder von queeren Menschen immer Wunschkinder sind – was bei Heteropaaren, bei denen Kinder auch ungewollt gezeugt werden können, nicht immer der Fall ist.

QUEERE RECHTE – ES GIBT NACHHOLBEDARF!

Claude Beier (si*er) ist bundesweit in Deutschland seit 2014 für Queeramnesty/Amnesty International als Referent*in und in der Menschenrechtsbildung für den Themenbereich Menschenrechtsverletzungen und LGBTQIA+ unterwegs. Claudes Schwerpunkte sind die Menschenrechtssituationen von trans* und intergeschlechtlichen Menschen in Europa.

Claude Beier, wie steht es um die queeren Menschenrechte aktuell in Deutschland, Schweiz und Österreich?

In allen drei Ländern ist die Lage der Menschenrechte (Stand 2023) sehr ähnlich: Gesetzlich sind bereits wesentliche Rechte wie gleichgeschlechtliche Eheschließung verankert. Die Diskriminierung queerer Menschen ist weniger ausgeprägt als in anderen Ländern wie Russland oder Ungarn. Allerdings gibt es auch in Deutschland, der Schweiz und Österreich viele Forderungen nach der Verbesserung der Menschenrechte queerer Personen.

Kannst du uns einige Beispiele nennen, wo queere Rechte bei uns noch nachhinken?

Das kann ich an vier Themen zeigen:

1. Rechte queerer geflüchteter Menschen: Menschen, die in ihrer Heimat als queere Person verfolgt werden, werden in unseren Ländern nicht immer als Asylsuchende anerkannt. Dabei werden sehr fragwürdige Entscheidungen getroffen: 2022 etwa wurden in Deutschland asylsuchende Menschen abgewiesen, da Entscheider*innen im Bundesamt für Migration und Flüchtlinge (BAMF) oder Gerichte der Meinung waren, diese Personen könnten in ihrer Heimat ihr Queersein ja geheim halten und würden dann nicht verfolgt werden.

Nach Protesten und Kritik wurde dieses sogenannte Diskretionsgebot ab 1. Oktober 2022 abgeschafft, das heißt u. a., queere Menschen dürfen in keinem Fall auf ein diskretes Leben in ihrem Herkunftsland verwiesen werden.

2. Rechte intergeschlechtlicher Menschen: Seit Ende Mai 2021 gibt es in Deutschland das Gesetz, dass intergeschlechtliche Kinder nicht mehr ohne ihre informierte Zustimmung operiert werden dürfen, um ihnen ein „eindeutiges" Geschlecht zuzuweisen. Auch wenn noch nicht klar ist, dass damit alle schädlichen Eingriffe in die Selbstbestimmung sowie die körperliche Unversehrtheit intergeschlechtlicher Menschen beendet werden und insbesondere im Gesundheitsbereich viel Diskriminierung herrscht, ist das Gesetz ein Meilenstein.

Tatsächlich ist Deutschland eines der wenigen Länder mit einem solchen Gesetz. In der Schweiz und Österreich fehlt eine derartige Regelung.

3. Rechte von trans* Menschen: Nach wie vor müssen sich trans* Personen in vielen Ländern einem oft kostspieligen und langwierigen Begutachtungsverfahren unterziehen, wenn sie ihre Geschlechtsidentität anerkennen lassen wollen. Die Verfahren berücksichtigen oft keine non-binären Geschlechtsidentitäten und beruhen auf stereotypen Vorstellungen von männlich und weiblich sowie der falschen Vorstellung, Transgeschlechtlichkeit sei eine psychische Krankheit. In Deutschland ist dabei sogar ein Gerichtsentscheid notwendig.

NACH WIE VOR MÜSSEN
SICH TRANS* PERSONEN
IN VIELEN LÄNDERN
EINEM OFT KOSTSPIELIGEN
UND LANGWIERIGEN
BEGUTACHTUNGSVERFAHREN
UNTERZIEHEN.

Das aktuelle Gesetz aus den 1980er Jahren wird aktuell überarbeitet und soll durch ein Selbstbestimmungsgesetz ersetzt werden. Die Schweiz hat seit 2022 die Änderung des Geschlechts im Personenstandsregister erleichtert: Die trans* Person kann beim Zivilstandsamt die Änderung des Vornamens und des Geschlechtseintrags beantragen, ohne irgendwelche Gutachten vorlegen zu müssen. Für die medizinischen Angleichungen muss allerdings nach wie vor ein Gutachten vorgelegt werden, in Deutschland müssen es sogar zwei Gutachten sein.

4. Vorurteilsmotivierte Gewalt und Schikanen – sogenannte Hassgewalt: Gewalt und Diskriminierung widerfährt queeren Menschen nach wie vor auch in unseren Ländern. Von rund 140.000 befragten queeren Personen in der EU (Frau-Bericht 2020), im Vereinigten Königreich, Serbien und Nordmazedonien gab eine*r von zehn Befragten (11 %) an, in den fünf Jahren vor der Umfrage körperlich oder sexuell angegriffen worden zu sein, weil er oder sie queer ist. Trans* (17 %) und intergeschlechtliche Personen (22 %) waren noch häufiger von Übergriffen betroffen. Nur einer von fünf (21 %) Vorfällen von körperlicher oder sexueller Gewalt wurde einer Organisation gemeldet, darunter nur ein Bruchteil (14 %) der Polizei.

Zwei von fünf befragten Personen gaben an, Opfer von Mobbing geworden zu sein. Jede fünfte befragte Person fühlt sich am Arbeitsplatz und mehr als jede dritte bei Freizeitaktivitäten in der Öffentlichkeit diskriminiert.

Was will Queeramnesty in nächster Zeit erreichen?

Wir fordern, dass vorurteilsmotivierte Gewalt als solche erfasst wird. Dass bei Polizeianzeigen aufgrund von Gewalt auch klar ersichtlich wird, dass es sich um Homo- und Transfeindlichkeit gehandelt hat. Die Polizei muss Schulungen für ihre Mitarbeiter*innen anbieten und mit Community-Organisationen zusammenarbeiten.

Geflüchtete LGBTQIA+-Personen müssen ein faires Asylverfahren erhalten. Die Entscheider*innen und Gerichte müssen für die Situation von queeren Menschen sensibilisiert werden.

Für trans* Personen muss ein transparentes und niederschwelliges Verfahren gewährleistet sein, mit dem die Anerkennung der Geschlechtsidentität erfolgt. Es soll sich ausschließlich nach der Selbstidentifikation von trans* Personen richten und keine externe Begutachtung beinhalten.

Auch andere Länder als Deutschland müssen sich dafür einsetzen, die Eingriffe an intergeschlechtlichen Menschen zu beenden. Es bedarf psycho-sozialer Unterstützungsangebote für intergeschlechtliche Menschen und Eltern intergeschlechtlicher Kinder. Medizinisches Personal muss hinsichtlich der Diversität von Geschlecht und Geschlechtsidentität geschult sein, um sicherstellen zu können, dass das Menschenrecht auf das höchste erreichbare Maß an Gesundheit gewährleistet und Diskriminierung verhindert wird.

Gibt es Länder, in die ich als geoutete, queere Person nicht reisen sollte?

Was dich in anderen Ländern erwartet, entdeckst du auf den Karten der *International Lesbian, Gay, Bisexual, Trans and Intersex Association* (ILGA). An diesen kann man sich orientieren, wo es für queere Menschen Geld-, Freiheits- oder sogar Todesstrafen gibt. Und oft klaffen Realität und Gesetzgebung weit auseinander: Zwar hat z. B. Pakistan ein fortschrittliches Gesetz für trans* Menschen, das bedeutet aber nicht, dass die Gefahr einer Verfolgung in der Gesellschaft gering ist.

Was mache ich, wenn mein Gegenüber abweisend auf mein Coming-out reagiert?

Bevor du dich bei jemandem outest, solltest du versuchen, dir mögliche Reaktionen vorzustellen und zu überlegen, wie du darauf reagieren könntest. Mit jedem Coming-out-Schritt, den du machst, wird auch der Umgang damit einfacher: Übung macht den Meister – auch beim Coming-out.

Bei heftigen Reaktionen, die andere Person läuft beispielsweise weg oder wird wütend, ist es gut, wenn du selber möglichst die Ruhe bewahrst. Wichtig ist in einer solchen Situation, dass du dir vor Augen hältst, dass sich die Emotionen des oder der anderen wahrscheinlich beruhigen werden und die Reaktion in einem zweiten Gespräch, wenn er oder sie über dein Coming-out nachgedacht hat, ganz anders sein kann.

In jungen Jahren war ich unsicher. Wie gewinne ich Selbstvertrauen, um ein Coming-out zu machen?

Selbstvertrauen bedeutet in diesem Fall, zuvor selbst akzeptiert zu haben, queer zu sein, und zu sich selbst zu stehen. Beim Coming-out ist es wichtig, sich darüber klar zu werden, wie viel du dir zutraust, und realistisch einzuschätzen, welche Stärken du hast. Um dein Selbstvertrauen zu stärken, solltest du dich auf Dinge konzentrieren, mit denen du gut klarkommst. Du darfst dich auch für Eigenschaften, Talente und Fähigkeiten loben, die dich erfolgreich machen.

Ebenfalls kannst du Selbstvertrauen aus der queeren Community schöpfen: Bücher, Serien, Podcasts etc. können dich ermutigen, ebenfalls dein Coming-out anzugehen. Und die Teilnahme an queeren Veranstaltungen und Gruppen stärkt dein Identitätsgefühl und damit auch dein Selbstvertrauen. Und genau dieses Ziel verfolgst du ja auch, indem du dieses Buch liest.

Muss ich mich das ganze Leben lang outen?

Einmal mehr ist zu erwähnen: Niemand *muss* sich outen. *Du* entscheidest, ob, wann und wem gegenüber du dein Coming-out hast. Hier kommt das Aber: Das Coming-out ist nie abgeschlossen. Vielmehr ist es ein Entwicklungsprozess. Als queere Person bist du ein Leben lang Teil einer Minderheit in der Gesellschaft. Dementsprechend wird es immer wieder Momente geben, in denen andere davon ausgehen, dass du heterosexuell oder cisgender bist. Auch wirst du merken, dass mit jedem Coming-out die Situation einfacher wird. Auch beim Coming-out gibt es mit der Zeit eine gewisse Routine.

DU ENTSCHEIDEST, OB, WANN UND WEM GEGENÜBER DU DEIN COMING-OUT HAST.

Gerade am Anfang meiner Coming-out-Phase hatte ich das Bedürfnis, selbst zu bestimmen, wer was über mich weiß. Was kann ich bei unfreiwilligem Outing machen?

So ungerecht das klingt: Wenn dich jemand unfreiwillig outet, kannst du nichts dagegen machen. Die Info ist raus und Dementieren hilft da nicht wirklich. In diesem Fall würde ich raten, zu dir und deiner Identität zu stehen und den Weg nach vorne zu gehen. Trotzdem möchte ich festhalten: Kein Mensch hat das Recht, einen anderen Menschen zu outen. Das sollte jeder selbst entscheiden.

Konversionstherapien sagen, Homosexualität ist heilbar.
Was steckt dahinter?

Diese Meinung wird vor allem von fundamentalistischen, konservativen evangelischen und katholischen Kreisen vertreten, die behaupten, gelebte Homosexualität und Transidentität seien eine Sünde. Allerdings gibt es auch unter Vertreter*innen der Medizin und der Psychologie Personen, die die Meinung vertreten, Homosexualität und Transidentität seien Krankheiten und damit heilbar.

KONVERSIONSTHERAPIEN SIND MENSCHENRECHTSVERLETZUNGEN, DIE SCHWERE TRAUMATISIERUNGEN VERURSACHEN.

Die Weltgesundheitsorganisation WHO hat aber in den 1990er Jahren Homosexualität offiziell aus der Liste der Krankheiten gestrichen, und auch Transidentität ist seit dem 1. Januar 2022 keine psychiatrische Diagnose mehr. Dennoch gibt es nach wie vor Menschen, die darüber falsche Informationen verbreiten.

Eine Veränderung der sexuellen Orientierung oder Identität ist dadurch allerdings nicht möglich. Konversionsversuche führen vielmehr bei den Betroffenen zu Depressionen, Ängsten, Selbstwertzweifeln und psychosomatischen Störungen, sogar Gedanken an Selbstmord tauchen auf. Dies ist verständlich, denn durch solche Konversionsmaßnahmen werden Menschen gezwungen, gegen ihr innerstes Wesen anzukämpfen und sich selbst abzulehnen. Aus diesem Grund sind Konversionstherapien in Deutschland verboten. In der Schweiz wird ein Verbot vorbereitet (Stand Mai 2023), in Österreich sind sie leider noch erlaubt. Denn es handelt sich um Menschenrechtsverletzungen, die bei den Opfern schwere Traumatisierungen verursachen.

Manchmal ist es das Umfeld, manchmal die direkte Familie, die religiös ist und queere Menschen verurteilt. Was kann ich machen?

Falls du im Gespräch über queere Themen merkst, dass deine Familie diese Menschen verurteilt, muss das nicht bedeuten, dass sie dies auch bei deinem Coming-out tun. Häufig reagieren Menschen anders auf queere Personen, die sie gern haben.

Ist dein Umfeld allerdings extrem mit Homo- und Transfeindlichkeit unterwegs, musst du wahrscheinlich mit Ablehnung und totalem Unverständnis rechnen. Dabei musst du bedenken, dass deine Familienangehörigen ja auch mit dir zusammen ein Coming-out durchmachen. Auch sie müssen ja nun ihren Verwandten und Freund*innen erklären, dass du queer bist, und sich mit den Reaktionen ihrer Umgebung auseinandersetzen.

Ist deine Familie oder dein Umfeld gemäßigt religiös, können Schilderungen und Argumente aus deiner Sicht helfen. Denn du weißt ja Bescheid und kannst deinen Angehörigen berichten, worum es bei Homosexualität und Transidentität geht.

Kann dein Umfeld deine Identität aber nicht akzeptieren, bleibt oftmals nur der Bruch mit der Familie. Das ist zwar schmerzhaft, aber manchmal nicht vermeidbar, wenn du zu dir selbst stehen willst und ein deiner Identität entsprechendes Leben führen willst. Aber auch dann bleibt noch eine kleine Hoffnung, dass nämlich ein solcher Beziehungsabbruch nicht für immer sein muss. Manchmal gibt es nach Jahren doch wieder eine Annäherung.

AUCH WENN DU DEN KONTAKT ZU DEINER FAMILIE VERLOREN HAST – MANCHMAL GIBT ES JAHRE SPÄTER WIEDER EINE ANNÄHERUNG.

Wie gehe ich mit Homo-, Transfeindlichkeit und Diskriminierung um?

Wenn du in deinem Umfeld, z. B. bei der Arbeit, Witze über Schwule, Lesben etc. hörst, ist es gut, Stellung zu beziehen: nicht mitzulachen kann bereits ein Zeichen setzen. Allerdings braucht es viel Mut, sich so zu verhalten, besonders wenn du vielleicht sogar offen sagst, dass du selbst queer bist und solche Witze nicht magst. Es ist aber auch okay, wenn du in einem solchen Moment nicht den Mut aufbringst, dich offen gegen die Diskriminierung auszusprechen. Vielleicht kannst du dir verbündete Personen suchen, die dich in einer erneuten ähnlichen Situation unterstützen.

Es kann aber auch durchaus Situationen geben, in denen du homo- und transfeindliche Äußerungen einfach aushalten musst, um dich nicht selbst zu gefährden. Das kann beispielsweise bei einer Polizeikontrolle in Ländern sein, in denen queere Menschen verfolgt werden.

Wie merke ich, dass meine sexuelle Orientierung oder Geschlechtsidentität meine psychische Gesundheit belastet?

Wenn du bei queeren Themen rot wirst, dich schämst oder zu schwitzen beginnst, kannst du das als Hinweis darauf verstehen, dass dir die Verheimlichung deiner sexuellen Orientierung oder Geschlechtsidentität nicht guttut.

Ebenfalls ein Indiz dafür kann sein, wenn du den Kontakt zu queeren Menschen zu vermeiden versuchst. Auch starker Alkohol- und Drogenkonsum sowie Suizidideen sind Alarmzeichen. Sieh diese Verhaltensweisen und Gefühle als ernst zu nehmende Warnung.

Nimm auf dem Weg zur Selbstakzeptanz fachliche Hilfe von Psychotherapeut*innen und Ärzt*innen in Anspruch. Wichtig dabei ist allerdings, dass du dich an Fachleute wendest, die offen und vorurteilsfrei gegenüber Homosexualität und Transidentität sind. Bei der Suche können dir queere Organisationen behilflich sein (siehe Anhang).

NIMM AUF DEM WEG ZUR SELBSTAKZEPTANZ FACHLICHE HILFE IN ANSPRUCH.

Wie komme ich in Kontakt mit queeren Menschen?

Heutzutage gibt es vor allem in den Städten viele queere Gruppen, die sich regelmäßig für Gespräche, sportliche Aktivitäten etc. treffen. Auch wenn persönliche Kontakte sehr wichtig sind, kann es sein, dass du, vor allem am Beginn deines Coming-outs, mit solchen persönlichen Treffen Mühe hast. In dem Fall kannst du dich natürlich auch im Internet in Chats und Social-Media-Gruppen auszutauschen. Nur ersetzt das letztlich nicht die persönlichen Beziehungen. Außerdem besteht die Gefahr, dass im Internet Menschen die Anonymität ausnutzen und dir und anderen zu schaden versuchen.

WENDE DICH MIT ALLEN FRAGEN AN QUEERE ORGANISATIONEN.

Wo finde ich Hilfe als queerer Mensch?

Wende dich mit allen Fragen an queere Organisationen. In der Schweiz sind das z. B. Pink Cross, LOS, Milchjugend, anyway etc. In Deutschland gibt es den Lesben- und Schwulenverband (LSVD), der sich für die ganze queere Community stark macht. Diese Dachorganisationen können dich auf lokale Hilfsangebote und Netzwerke verweisen. In jeder größeren Stadt gibt es Angebote.

Tatsächlich hilft es für die Identitätsfindung, sich in der queeren Community zu bewegen. Es tut gut, Kontakt mit Gleichgesinnten zu haben: Du musst nichts erklären und kannst du selbst sein. Wenn du queer bist, macht es deshalb Sinn, immer wieder auch einmal LGBTQIA+-Orte aufzusuchen, um andere zu treffen, zusammen Sport zu treiben, zu reden, zu tanzen, zu feiern etc. Mit deinesgleichen zusammen zu sein, stärkt dein Identitätsgefühl und die Selbstakzeptanz.

DEIN EIGENES COMING-OUT PLANEN

Du hast Mut machende Coming-out-Storys von anderen Menschen gelesen und bist versorgt mit hilfreichen Informationen von Expert*innen. Doch wie packst du dein Coming-out nun konkret an? Wie gehst du vor, wem erzählst du es, und was bedeutet es überhaupt, dich zu outen – für dich und die anderen? Auf all diese Fragen kannst du mithilfe des folgenden Kapitels eine Antwort finden. Du bist aufgefordert, deinen Prozess aufzuschreiben und aktiv zu gestalten: Du denkst dich in Situationen hinein, setzt dich mit deinen Emotionen auseinander und bereitest sorgfältig alle Schritte zu einem gelungenen Coming-out vor.

So viel Mut steckt in dir

Jeder Schritt eines Coming-out-Prozesses erfordert Mut! Mut brauchen wir Menschen im Verlauf unseres Lebens immer mal wieder. „Ganz schön mutig", hören wir andere sagen und denken wir auch mal von uns selbst – ob wir das erste Mal allein verreisen, ein neues Hobby beginnen oder uns für einen anderen Menschen einsetzen. Diese Übung soll dir klarmachen, dass du den Mut, den du für ein Coming-out brauchen würdest, bereits in dir trägst.

Übung

Schließe die Augen und erinnere dich an einen Moment, der dich Mut gekostet hat. Schildere die Mutprobe und beschreibe, wie du dich vor und nach dem Ereignis gefühlt hast.

MEINE MUTPROBE

Dich von negativen Emotionen befreien

In diesem Ratgeber dreht sich viel um dich: Sich selbst näherzukommen ist befreiend, kostet aber auch Energie. Die Auseinandersetzung mit der eigenen Identität kann ganz schön anstrengend sein. Musik und Bewegung helfen mir dabei, mich von Stress und überwältigenden Gedanken zu befreien. Probiere mal aus, ob dir das auch hilft.

Übung

Such dir einen Ort, wo du ungestört für dich allein sein kannst. Dein Zimmer, ein Hobbyraum oder irgendwo in der Natur. Bring dein Smartphone mit und wähle Musik, die du gerade total fühlst. Während du den Song hörst, lass deinen Emotionen freien Lauf. Hast du Lust, dich zu bewegen und zu tanzen – tu es! Möchtest du ganz ruhig genießen, ist das auch okay. Ziel der Übung ist es, dich für einige Minuten freizumachen von allen Gedanken.

Extratipp: Probiere queere Künstler*innen aus. Bestimmt findest du auf deiner Streaming-Plattform und in deiner YouTube-Playlist Künstler*innen mit dem Stichwort „queer" und „Pride".

Schildere, wie du diesen emotionalen Moment erlebst und dich davor und danach gefühlt hast.

MEIN MUSIK-MOMENT

Deine eigene Vorurteile reflektieren

Vor meinem Coming-out hatte ich viele Vorurteile gegenüber queeren Menschen, zum Beispiel „Schwule können keine Familie haben", „Lesben sind alle Mannsweiber" und „Transmenschen sind Paradiesvögel". Welche sind es bei dir? Und stimmen die? Diese Übung hilft dir, deine Vorurteile zu erkennen und zu hinterfragen.

Übung

Beantworte folgende Fragen ehrlich, indem du die Antworten aufschreibst.

- Was denke ich über queere Menschen?
- Wie unterscheiden sich für mich queere Menschen von anderen Menschen?
- Woher kommen diese Gedanken? Sind das Tatsachen, Fantasien oder Vorurteile von mir?

MEINE SELBSTREFLEXION

VORURTEILE GEGENÜBER QUEEREN MENSCHEN	TATSACHE, FANTASIE ODER VORURTEIL?
UNTERSCHIEDE QUEER/NICHT-QUEER	TATSACHE, FANTASIE ODER VORURTEIL?

Dir die Sorgen von der Seele schreiben

Du kennst das bestimmt auch: Unbewältigte Gefühle rauben dir nicht selten den Schlaf. Tagsüber bist du dünnhäutig, erschöpft und auch stressanfälliger. Es ist längst wissenschaftlich bewiesen: Schreiben entlastet die Seele, weil sich die Sorgen vom Kopf auf ein Blatt Papier verlagern. Durch das abendliche Tagebuchschreiben wirst du gelassener und schläfst auch besser. Probiere für dich aus, ob das abendliche Schreiben dir jetzt – und vielleicht auch als steter Begleiter – dabei hilft, einen klareren Blick auf deine Probleme zu bekommen.

Übung

- Plane einen festen Tag in der Woche ein, an dem du dir in Ruhe alle deine Sorgen, Ängste und Probleme von der Seele schreibst.
- Reflektiere am nächsten Tag, wie sich das für dich angefühlt hat.

MEIN TAGEBUCH

MEIN TAGEBUCH

MEIN TAGEBUCH

Gut auf dich achten, Hilfe erfragen

Menschen, die sich mit ihrer Identität auseinandersetzen, sind häufig großen Belastungen und Stress ausgesetzt. Vor und während des Coming-out-Prozesses fühlen sich viele allein und traurig. Phasen mit negativen Gefühlen sind da völlig normal. Diese Übung soll dir helfen herauszufinden, ob deine Gefühlswelt zu stark belastet ist.

Übung

Folgende Fragen helfen dir zu erkennen, ob du Hilfe aufsuchen solltest:
- Hast du dich in letzter Zeit allein gefühlt?
- Warst du ohnmächtig und hilflos?
- Hattest du Suizidgedanken?
- Warst du öfter wütend als normalerweise?
- Hast du Alkohol und/oder Drogen konsumiert?
- Hast du dich anders verhalten als früher?
- Hast du die Lust an deinen Hobbys verloren?
- Schläfst oder isst du mehr/weniger als vorher?
- Machst du dich selbst runter?
- Fehlt dir der Blick in die Zukunft/die Vorfreude auf neue Dinge?

Falls du eine oder mehrere Fragen mit Ja beantwortest, könnte es hilfreich sein, bei einer Anlaufstelle Hilfe zu erfragen. Das können Freund*innen und Familie sein, denen du vertraust, dein Hausarzt oder anonyme Fachstellen (siehe Seite 165).

BRAUCHE ICH HILFE? MEINE SELBSTREFLEXION

Herausfinden, wer dich unterstützt

Coming-outs mit positiven Reaktionen sind leichter. „Wem soll ich mich nur anvertrauen?", habe ich mich vor meinem Coming-out nächtelang gefragt. Mit ein paar Tricks findest du im Vorfeld heraus, wer es dir bei deinem Coming-out leicht machen wird.

Übung

Das nächste Mal, wenn du dich in deinem Freundeskreis oder mit deiner Familie triffst, kannst du folgende Themen ansprechen und sehen, wie die Menschen sich dazu äußern:

- „In der Schule hat ein Junge einen anderen Jungen geküsst."
- „Ich habe gehört, dass es Länder gibt, in denen Homosexualität verboten ist. Das fand ich krass."
- „Auf YouTube habe ich ein Video eines Transmenschen gesehen. Kennt ihr Transmenschen?"
- Die Personen, die offen auf deinen Input reagieren, könnten diejenigen Menschen sein, die sich für ein Coming-out eignen.
- Sind Menschen dabei, die negativ und mit Vorurteilen auf deine Äußerungen reagieren, kann es gut sein, dass sie selbst mit dem Thema nicht ganz im Reinen sind oder aus anderen Gründen homo- und transfeindlich reagieren.

MENSCHEN IN MEINEM UMFELD, DIE OFFEN REAGIEREN

Herausfinden, wem du vertrauen kannst

Coming-outs benötigen anfangs viel Vertrauen. So findest du heraus, auf wen du zählen kannst.

Sich einer Person mit einer sehr persönlichen Information anzuvertrauen, ist gar nicht so einfach: Es benötigt Vertrauen in sich selbst und in den anderen Menschen. Benötigst du noch bisschen Mut, wiederhole die Übung auf Seite 130. Willst du herausfinden, wem du vertrauen kannst, ist das die richtige Übung.

Übung

In deinem Umfeld sind die unterschiedlichsten Menschen. Deine ersten Coming-outs willst du bei Personen machen, die mit deiner Information nicht gleich überall hausieren gehen. Stell dir darum folgende Fragen:

Wem hast du schon einmal ein Geheimnis anvertraut? Und wer hat es auch wirklich für sich behalten? Dieser Mensch ist eine geeignete Coming-out-Unterstützung. Wer plaudert in deiner Anwesenheit Geheimnisse von anderen Menschen aus? Wer lästert häufig über andere? Dieser Mensch ist eine weniger geeignete Coming-out-Unterstützung.

MENSCHEN, DIE EIN GEHEIMNIS FÜR SICH BEHALTEN KÖNNEN

Einen fiktiven Coming-out-Brief schreiben

Du hast es eben gelesen: Unzählige Menschen schreiben Tagebuch – auch, um Erlebtes zu verarbeiten. Eine andere Möglichkeit ist ein fiktiver Brief. Diese Übung unterstützt dich dabei, dein Coming-out zu üben und deine Emotionen einzuordnen.

Mein allererstes Coming-out bei meinen Eltern machte ich mit einem Brief. Vor der Übergabe hatte ich ihn unzählige Male bearbeitet und umgeschrieben. Der Prozess half mir, mich auf das Coming-out vorzubereiten und meine Situation selbst zu reflektieren.

Übung

Stell dir einen Menschen vor, der dir am Herzen liegt. Schreibe dieser Person einen Brief, in dem du dich outest. Das Ziel der Übung ist es erst einmal nicht, dass du den Brief tatsächlich abschickst oder übergibst. Vielmehr geht es um die Auseinandersetzung mit dem Thema und mit deinen Gefühlen.

MEIN COMING-OUT-BRIEF AN EINEN MENSCHEN, DER MIR AM HERZEN LIEGT

MEIN COMING-OUT-BRIEF AN EINEN MENSCHEN, DER MIR AM HERZEN LIEGT

MEIN COMING-OUT-BRIEF AN EINEN MENSCHEN, DER MIR AM HERZEN LIEGT

Die Coming-out-Situation konkret vorbereiten

Ein Coming-out kann spontan passieren oder geplant. Du entscheidest über den Zeitpunkt und die Notwendigkeit. Den perfekten Zeitpunkt kann es dabei wohl niemals geben, es ist aber meist sinnvoll, dass du eine ruhige Umgebung und eine entspannte Situation wählst. Diese Übung kann dir helfen, dir klarer über das geeignete Setting zu werden.

Übung

Nimm dir Zeit, folgende Fragen schriftlich für dich zu beantworten.

- Mit welchen Worten bitte ich die Person um ein Gespräch?
- Wann ist die Person, bei der ich mich outen will, redebereit und entspannt?
- Wo ist ein guter Ort, um mich zu outen?
- Mit welchen Sätzen beginne ich das Gespräch?

SO BITTE ICH UM EIN GESPRÄCH:

WANN IST DIE PERSON REDEBEREIT?

WO IST DER GEEIGNETE ORT?

SO BEGINNE ICH DAS GESPRÄCH:

Dir das Worst-Case-Szenario vorstellen

Eines vorweg: In vielen Fällen stellen sich deine Bedenken im Nachhinein als völlig unbegründet heraus. Trotzdem ist es gut, auf negative Reaktionen und Konsequenzen mental verbreitet zu sein.

Übung

Beantworte für dich die folgenden Fragen und lege dir Maßnahmen zurecht, wie du mit diesen Situationen umgehen würdest.

- Was könnte aus deiner Sicht schlimmstenfalls passieren?
- Welche Konsequenzen könnten folgen?
- Wo kannst du Hilfe und Trost finden, falls du dich nach dem Coming-out nicht gut fühlst?

DAS KÖNNTE IM SCHLIMMSTEN FALL
PASSIEREN:

MÖGLICHE KONSEQUENZEN:

HIER KANN ICH HILFE UND TROST FINDEN:

Dich auf kritische Fragen vorbereiten

Vor allem, wenn die Person, vor der du dich outen möchtest, konservativ ist oder mit queeren Themen Probleme hat, musst du mit kritischen Gegenfragen rechnen. Wenn du dir vorab bereits zu einigen Punkten Gedanken machst, kann dir das während deines Coming-outs sehr weiterhelfen und euer Gespräch in eine positive Richtung lenken.

Übung

Beantworte folgende kritische Fragen:
- „Woher weißt du, dass du schwul/lesbisch/trans* etc. bist?"
- „Wie kannst du dir da so sicher sein?"
- „Warum tust du mir das an?"
- „Ist es nicht unnormal, schwul/lesbisch/trans* etc. zu sein?"
- „Ist dir klar, was das für den Rest deines Lebens bedeutet?"
- „Was werden bloß die Familie, unsere Nachbarn oder unsere Freunde und Freundinnen sagen?"

KRITISCHE FRAGEN BEANTWORTE ICH SO:

Coming-out bei deinen Geschwistern

Am besten ist es, das Coming-out dort anzufangen, wo man gute Reaktionen erwarten kann. Du hast es in den Mutmach-Storys gelesen: In
vielen Fällen sind das die Geschwister. Mit ihrer Unterstützung kannst du
dann die „schwereren Fälle", wie deine Eltern oder Großeltern, angehen.

Übung

Schreibe einen Coming-out-Brief an deine Geschwister. Du kannst später
entscheiden, ob du ihn überreichst oder lieber das Gespräch suchst. Hier
ein paar nützliche Leitfragen:

- Möchte ich ausführlich schreiben/mich outen oder kurz auf den Punkt
  kommen?
- Wie erkläre ich meinen Geschwistern am besten, wie ich fühle und was
  das für mich bedeutet?

MEIN BRIEF AN MEINE GESCHWISTER

Coming-out bei deinen Eltern

Wie du weißt, habe ich mich bei meinen Eltern mit einem Brief geoutet. Damit bin ich nicht alleine: Viele queere Menschen machen das, denn es hat zwei Vorteile: Zum einen kannst du dir genau überlegen, was du schreibst und wie du es formulierst. Zum anderen kannst du entschieden, ob du dabei sein möchtest oder lieber nicht, wenn deine Eltern den Brief lesen.

Übung

Schreibe einen Coming-out-Brief an deine Eltern. Du kannst später entscheiden, ob du ihn überreichst oder lieber das Gespräch suchst. Hier ein paar nützliche Leitfragen:

- Möchte ich ausführlich schreiben/mich outen oder kurz auf den Punkt kommen?
- Wie erkläre ich meinen Eltern am besten, wie ich fühle und was das für mich bedeutet?
- Welche Informationen benötigen meine Eltern eventuell von mir, um mein Coming-out zu verarbeiten?

MEIN BRIEF AN MEINE ELTERN

Dein erstes Coming-out reflektieren

Die ersten Coming-outs sind vielfach äußerst emotional. Auch kann es sein, dass Menschen anders reagieren als erhofft. Umso wichtiger ist es, dein Coming-out zu reflektieren und dich an die positiven Erfahrungen zu erinnern. Diese Übung hilft dir, danach wieder einen klaren Kopf zu kriegen.

Übung

Nimm dir nach einem Coming-out Zeit, folgende Fragen für dich zu beantworten.
- Wie hat die Person auf mein Coming-out reagiert?
- Warum hat die Person so reagiert?
- Was für Gefühle hatte ich vor dem Coming-out? Währenddessen? Danach?

MEINE GEDANKEN NACH DEM ERSTEN COMING-OUT

So kannst du von anderen lernen

Vorbilder sind für queere Menschen hilfreich: Sie helfen, uns mit anderen Personen zu identifizieren und Lösungen für unsere Probleme zu finden.

Übung

Wahrscheinlich hast du die Coming-out-Geschichten in diesem Buch bereits gelesen. Nun nimm einen Leuchtstift und gehe die Geschichten nochmals durch: Markiere dir Stellen, die dich ansprechen und inspirieren. Stellen, die dir auf deiner eigenen Identitätssuche und bei deinem eigenen Coming-out helfen könnten.

Zum Schluss kannst du alle markierten Stellen hier zusammentragen und immer mal wieder einen Blick darauf werfen, wenn du an deinem Weg zweifelst und Mut sowie Inspiration suchst.

DIE WICHTIGSTEN STELLEN AUS
DEN COMING-OUT-GESCHICHTEN

DIE WICHTIGSTEN STELLEN AUS DEN COMING-OUT-GESCHICHTEN

HIER BEKOMMST DU UNTERSTÜTZUNG

Online-Beratungsstellen

Schweiz

www.147.ch
Die Beratung und Hilfe bietet dir Gelegenheit, anonym und vertraulich zu sprechen. Speziell ausgebildete Fachpersonen beantworten Fragen rund um Familie, Freundschaft, Sexualität und viele andere Themen via Telefon, SMS, Chat und E-Mail – an 365 Tagen im Jahr rund um die Uhr, vertraulich und kostenlos.

www.du-bist-du.ch
Eine Peer-to-Peer-Plattform für junge Menschen mit Fragen zu allen Themen rund um LGBTQIA*. Egal welches Geschlecht und welche sexuelle und romantische Orientierung du hast, du darfst dich bei allen Berater*innen melden.

www.lgbtiq-helpline.ch/de
Die Helpline ist Anlaufstelle für alle Anliegen zum Leben als lesbische, schwule, bisexuelle, trans*, nicht-binäre, intergeschlechtliche oder queere Person. Sie ist eine Peer-to-Peer-Beratungsstelle und außerdem eine Meldestelle für Hate Crimes, also LGBTQIA*-feindliche Gewalt. Montag bis Freitag von 19 bis 21 Uhr haben die Peer-Berater*innen ein offenes Ohr für dich.

Deutschland

www.regenbogenportal.de
Informationspool der Bundesregierung zu gleichgeschlechtlichen Lebensweisen und geschlechtlicher Vielfalt. Das Portal möchte die Unterstüt-
zungs- und Beratungslandschaft für LGBTQIA*-Menschen verbessern,
bietet hilfreiche Informationsartikel und Materialien und listet Angebote
im gesamten Bundesgebiet, z. B. Beratungsstellen, Selbsthilfegruppen,
Interessenverbände oder Freizeitangebote.

Österreich

www.courage-beratung.at
Die Stelle für Lesben, Schwule, Bisexuelle, trans* Personen und ihre Angehörigen versteht sich als Partner*innen-, Familien- und Sexualberatungs-
stelle und steht in den Themenbereichen Trans*identitäten, gleichgeschlechtliche Lebensweisen, Beziehungen und Sexualitäten sowie Gewalt
und sexuelle Übergriffe allen Rat- und Hilfesuchenden zur Verfügung.

International

www.queeramnesty.de
Queeramnesty setzt sich für Menschen ein, die wegen ihres aktiven und
gewaltfreien Einsatzes für die Rechte von LGBTQIA* verfolgt werden.

Social Media

Schweiz

@miscomingout – Podcast mit queeren Coming-out-Geschichten

@zurichpride – der größte queere Anlass der Schweiz mit eigenem Podcast

@transgendernetwork_ch **–** Transgender Network Switzerland (TGNS) ist die 2010 gegründete schweizweite Organisation von und für trans* Menschen

@pinkcross_ch – der nationale Dachverband der schwulen und bisexuellen Männer* in der Schweiz

@los_lesbenorganisation – die Dachorganisation für Lesben, bisexuelle und queere Frauen

@milchjugend – die Organisation für queere Jugendliche

Deutschland

@yvonneundberner – Podcast mit queeren Themen von Journalistin Felicia Mutterer und Moderator Jochen Schropp

@lsvdbundesverband – LSVD, Bürgerrechtsverband für die Interessen und Belange von Lesben, Schwulen, Bisexuellen, trans*- und intergeschlechtlichen Menschen

@bv_trans – Bundesverband Trans* (BVT*), ein Zusammenschluss von Einzelpersonen, Gruppen, Vereinen, Verbänden und Initiativen auf Regional-, Landes- und Bundesebene

@riccardo_simonetti_initiative – Verein für queere Aufklärung und Sichtbarkeit, gegründet von Moderator und Autor Riccardo Simonetti

@csddeutschland – Der CSD Deutschland e. V. versteht sich als Dachverband aller Vereine, Initiativen und Projekte, die den Christopher Street Day in Deutschland organisieren.

Österreich

@vienna_pride – Regenbogenparade in Wien: Lesben, Schwule, Bisexuelle, Heterosexuelle, trans*, cis, inter und queere Personen demonstrieren jedes Jahr gemeinsam für Akzeptanz, Respekt und gleiche Rechte in Österreich, Europa und auf der ganzen Welt.

@warmebros – der schwule Podcast aus Wien: persönlich, psychologisch, politisch

International

https://www.instagram.com/oiieurope/ – OII Europe (Organisation Intersex International Europe) ist der Dachverband der europäischen Menschenrechts- und Intersex-Organisationen.

DANKE!

Der wichtigste Dank geht an dich: Du hast dieses Buch gelesen und dich mit sexueller Orientierung und Geschlechtsidentität auseinandergesetzt. Egal ob für dich selbst oder einen Menschen in deinem Umfeld: Dein neues Verständnis wird der queeren Community helfen, einen Schritt weiter Richtung absoluter Freiheit zu kommen.

Weiter danken möchte ich Udo für seine unkomplizierte Art, Ja zu meiner Buchidee zu sagen: Wir brauchen Menschen in unseren Leben, die uns unterstützen und uns helfen.

Mein Dank geht auch an Katja vom humboldt Verlag, die sich von meinem Konzept begeistern ließ und es in ihr Herz schloss, auch in Momenten, in denen ich es schon fast aufgegeben hatte. Dasselbe gilt für Linda vom Lektorat, die meine Arbeit professionell spiegelte und verbesserte.

Danken möchte ich allen interviewten Personen. Menschen, die ihre sehr persönliche Geschichte preisgeben und somit anderen helfen: Levent, Janboris, Olivier, Jazz, Yannik, Dominique, Curdin, Adam, Lea, Annina, Luan und Henri – ich danke euch von Herzen für euer Engagement.

Meiner Familie danke ich für ihren Willen, mich zu verstehen, egal welchen Weg ich gehe.

Merci an meine Freund*innen – im Besonderen Sonja, Leandra, Vanni –, die mir in den Monaten der Entstehung dieses Buches den Rücken stärkten.

Und ich danke mir selbst: aus Gründen der Selbstliebe.

Empfehlen und gewinnen!

Hat dir dieses Buch gefallen?

Dann empfiehl es bitte weiter und schreib eine aussagekräftige Bewertung in einem Buch-Shop deiner Wahl, auf deinem Blog oder in den Sozialen Medien. Aus der Bewertung sollte hervorgehen, was dir an dem Buch gefallen hat und für wen es besonders geeignet ist.

Als Dankeschön verlosen wir jeden Monat unter allen, die mitmachen, fünf humboldt-Ratgeber – mit etwas Glück bist auch du mit deinem Wunschtitel dabei.

Um an der Verlosung teilzunehmen, schick uns einfach den Link zu deiner Buchbewertung sowie deinen Wunschtitel aus unserem Programm an: presse@humboldt.de.

humboldt

...bringt es auf den Punkt.

Selbstfürsorge ist nicht egoistisch, sondern logisch!

Stand 2023. Änderungen vorbehalten.

- Selbstfürsorge auf drei Ebenen trainieren: Mit Tipps und Übungen zu Themen wie Bewegung, Ernährung, Atmung, Schlaf, seelisches Wohlbefinden und stärkende Beziehungen

- Durch eine eigene Erkrankung kennt die Autorin und Psychotherapeutin Anke Glaßmeyer auch die Betroffenenperspektive und weiß, wie heilsam Selbstfürsorge in schwierigen Lebensphasen ist

Anke Glaßmeyer
Selbstfürsorge – dein Anker in turbulenten Zeiten
256 Seiten
14,5 x 21,5 cm, Softcover
ISBN 978-3-8426-4262-1
€ 22,00 [D] · € 22,70 [A]

Der Ratgeber ist auch als eBook erhältlich.

...bringt es auf den Punkt.

Bibliografische Information der Deutschen Nationalbibliothek
Die Deutsche Nationalbibliothek verzeichnet diese Publikation in der deutschen Nationalbibliografie; detaillierte bibliografische Daten sind im Internet über https://dnb.de abrufbar.

ISBN 978-3-8426-4259-1 (Print)
ISBN 978-3-8426-4260-7 (PDF)
ISBN 978-3-8426-4261-4 (EPUB)

Abbildungen:
Kris Micallef: 19 und Umschlag Seite 4; Helvetia Portraits: 30; Janboris Rätz: 34; Rita Vollenweider: 39; Annina Anderhalden: 45; Vitor Manuel Oliveira Da Cost: 49; Sandro Bross: 54; Drew Gage: 60; Curdin Orlik: 64; Adam Fehr: 68; Mika Wisskirchen: 73; Sophia Emmerich: 78; stock.adobe.com/Sinhara: 92
Hintergrundbild Papierstruktur: stock.adobe.com/Anlomaja

Originalausgabe

© 2023 humboldt
Die Ratgebermarke der Schlütersche Fachmedien GmbH
Hans-Böckler-Allee 7, 30173 Hannover
www.humboldt.de
www.schluetersche.de

Lektorat: Linda Strehl, wort & tat, München
Covergestaltung: ZERO, München
Covermotiv: Shutterstock/spinspinspin, Miller Inna, Olesia Maf
Satz: PER MEDIEN & MARKETING GmbH, Braunschweig
Druck und Bindung: gutenberg beuys feindruckerei GmbH, Langenhagen